THINK TANK
智库论策

社会治理数字化转型中的县级融媒体平台发展研究

The Development of County-Level Converged Media Platforms in the Digital Transformation of Social Governance

石力月 著

上海社会科学院出版社
SHANGHAI ACADEMY OF SOCIAL SCIENCES PRESS

目　　录

第一章　绪论 ·· 1
　第一节　研究背景 ··· 1
　　一、媒体融合与国家治理 ··· 1
　　二、社会治理数字化转型与基于县级融媒体平台的媒介化治理
　　　　·· 4
　　三、数字化转型中的县级融媒体中心建设及反思 ··············· 12
　第二节　文献综述 ··· 18
　　一、基层治理的数字化转型研究 ······································ 18
　　二、县级融媒体与基层治理研究 ······································ 20
　第三节　研究问题与研究方法 ··· 22
　　一、课题组对上海区级融媒体中心的田野调查 ·················· 23
　　二、课题组对全国其他省份县级融媒体中心的田野调查 ····· 24
　　三、研究方法与全书结构 ·· 26

第二章　县级融媒体平台参与社会治理的现实基础 ··············· 27
　第一节　媒介化治理平台的特性 ·· 27
　　一、媒介化治理平台的双重属性 ······································ 27
　　二、基层服务的无限分解与精准化 ··································· 31
　第二节　事业单位属性与有限的商业化 ································ 33
　　一、多样化的体制机制与经营的非逐利化 ························ 33
　　二、人员队伍结构与绩效评估体系的非经营化导向 ··········· 37
　　三、基于基层治理系统内部的协同 ··································· 39
　　四、去边界的生产方式与相对灵活的生产机制 ·················· 41
　第三节　公共服务的数字化基础与可开发资源 ······················ 42

一、县级融媒体平台公共服务的数字化基础 …………………… 43
　　二、县级融媒体中心可开发的公共服务资源 …………………… 51

第三章　县级融媒体平台参与社会治理的形式 …………………… 54
　第一节　常态下县级融媒体平台的公共服务 …………………… 54
　　一、凸显服务性的内容生产 …………………………………… 55
　　二、接入式平台服务 …………………………………………… 57
　　三、交互式平台服务 …………………………………………… 67
　第二节　应急状态下县级融媒体平台的公共服务 ……………… 87
　　一、县级融媒体平台与应急广播体系的对接 ………………… 87
　　二、作为应急服务的内容生产 ………………………………… 91
　　三、内容生产以外的各类应急服务 …………………………… 99

第四章　县级融媒体平台参与社会治理的机制 …………………… 103
　第一节　纵向三级主体支持的内容生产机制 …………………… 103
　　一、县级融媒体平台与上级媒体平台的双向支持 …………… 104
　　二、省级技术平台对县级融媒体平台的系统性支持 ………… 106
　　三、融媒体分中心和通讯员队伍对县级融媒体平台的向上
　　　　支持 ………………………………………………………… 112
　第二节　县级融媒体平台横向协同多元主体的服务机制 ……… 115
　　一、政务服务机制 ……………………………………………… 115
　　二、狭义公共服务的对接机制 ………………………………… 123
　　三、商务服务的机制 …………………………………………… 129
　第三节　县级融媒体平台的应急服务机制 ……………………… 137

第五章　县级融媒体平台参与社会治理的结构转型 ……………… 142
　第一节　普遍的结构性制约 ……………………………………… 142
　　一、基层治理结构的条块分割与县级融媒体中心的协同
　　　　之困 ………………………………………………………… 142
　　二、平台内部的结构性矛盾 …………………………………… 147
　第二节　结构性破解的空间与可能的路径 ……………………… 149
　　一、县委、县政府——外部结构中的焦点 …………………… 149

二、数字化转型的复杂性与破解的可能性 …………………… 152

参考文献 …………………………………………………… **154**

后记 ………………………………………………………… **158**

第一章　绪论

第一节　研究背景

一、媒体融合与国家治理

无论在国内还是国外,媒体融合的实践与研究迄今已经历了多个阶段。在向纵深推进的过程中,不同区域实践的内容、方向与路径都有差异和变化,这使得相关研究不能笼统化,而需要充分情境化和在地化。媒体融合是在互联网技术发展基础上出现的现象,但它不仅仅是一场技术后果,无论是物理融合还是业务融合,其背后都包含了复杂而深刻的政治经济社会变革。近十年来,中国先后经历了中央及省市层面的媒体融合,2018年实践推进到了县级层面,2022年又推进到了地市层面,从而基本实现了媒体融合对整个国家纵向治理链条的全覆盖。对于学术研究来说,需要分析这样一种结构性布局的意义,深入讨论媒体融合与国家治理的关系。

2018年8月,习近平总书记在全国宣传思想工作会议上提出"要扎实抓好县级融媒体中心建设,更好引导群众、服务群众"。紧接着,同年9月,中宣部在浙江省湖州市长兴县召开县级融媒体中心建设现场推进会,正式启动全国县级融媒体中心建设。农业农村部信息中心牵头编制的《中国数字乡村发展报告(2022)》统计显示,截至2022年8月,全国已建成运行县级融媒体中心2585家,基本实现了全覆盖[①]。

媒体融合是一种全球现象,但县级融媒体中心建设是中国独有的实践方

[①] 农业农村部信息中心.中国数字乡村发展报告(2022)[EB/OL]. https://www.cac.gov.cn/2023-03/01/c_1679309718486615.htm.

案,它不完全是媒体内部的改革,而是沿着整个国家治理体系自上而下推进的,它与其他国家媒体融合的路径不同,驱动力也不完全相同。其中的核心差异是"国家"的角色。虽然媒体融合的驱动和支持因素很多,但中国实践呈现出了主要由国家主导推进的清晰轨迹。十年间,国家出台了一系列相关政策,在不同阶段直接引导媒体融合实践的方向与重点。

早在2013年8月19日,习近平总书记在全国宣传思想工作会议上强调:"要适应社会信息化持续推进的新情况,加快传统媒体和新兴媒体融合发展,充分运用新技术新应用创新媒体传播方式,占领信息传播制高点。"同年11月12日,党的十八届三中全会通过的《中共中央关于全面深化改革若干重大问题的决定》再次强调:"要整合新闻媒体资源,推动传统媒体和新兴媒体融合发展。"2014年8月18日,习近平总书记主持召开中央全面深化改革领导小组(下文简称"中央深改组")第四次会议并发表重要讲话,会议审议通过《关于推动传统媒体和新兴媒体融合发展的指导意见》,媒体融合由此成为国家战略。值得注意的是,该指导意见既非由宣传部门发布,也非在全国宣传工作会议上讨论,而是由中央深改组会议审议通过。中央深改组是2013年十八届三中全会之后成立的,主要负责国家改革的总体设计、统筹协调、整体推进、督促落实,统一部署全国性重大改革,统筹协调处理全局性、长远性、跨地区跨部门的重大改革问题,指导、推动、督促中央有关重大改革政策措施的组织落实。媒体融合相关政策由该会议审议通过,说明该议题对国家发展具有影响全局的重大改革意义,如该指导意见所说:"整合新闻媒体资源,推动传统媒体和新兴媒体融合发展,是落实中央全面深化改革部署、推进宣传文化领域改革创新的一项重要任务,是适应媒体格局深刻变化、提升主流媒体传播力公信力影响力和舆论引导能力的重要举措。"[1]

2018年3月,中共中央根据《深化党和国家机构改革方案》将原中央全面深化改革领导小组改组为中央全面深化改革委员会(下文简称"中央深改委"),同年11月,中央深改委第五次会议审议通过《关于加强县级融媒体中心建设的意见》,不但再次凸显了媒体融合对国家发展的全局性意义,并且由其实践的下沉进一步走向了深度融合。在总结评估2013年以来相关实践的基础上,2020年9月,中共中央办公厅、国务院办公厅印发了《关于加快推进媒体

---

[1] 新华社.推动传统媒体和新兴媒体融合发展指导意见审议通过[EB/OL].http://culture.people.com.cn/n/2014/0821/c172318-25511854.html.

深度融合发展的意见》。

2022年10月,习近平总书记在中国共产党第二十次全国代表大会上作了题为《高举中国特色社会主义伟大旗帜　为全面建设社会主义现代化国家而团结奋斗》的报告,该报告明确强调未来要"加强全媒体传播体系建设,塑造主流舆论新格局"①。在此基础上,2024年7月,中国共产党第二十届中央委员会第三次全体会议通过的《中共中央关于进一步全面深化改革　推进中国式现代化的决定》进一步提出要"构建适应全媒体生产传播工作机制和评价体系,推进主流媒体系统性变革。"②

由上述相关政策的演进历程可以看出,县级融媒体中心建设不是一场孤立的实践,它不是突然出现,而是国家十年来步步推进的媒体融合整体战略的一部分。然而,仅仅从媒体融合战略的内部来看待县级融媒体中心建设是不够的。早在2013年11月,党的十八届三中全会审议通过《中共中央关于全面深化改革若干重大问题的决定》,明确提出"全面深化改革的总目标是完善和发展中国特色社会主义制度,推进国家治理体系和治理能力现代化"。媒体是现代国家治理的重要抓手,而媒体融合是新型传播环境下国家治理体系和治理能力现代化的先决条件之一,这便是媒体融合战略由中央深改组(委)主导并数次发文推进的深意所在。

在此框架之下,县级融媒体中心建设不是单纯的媒体改革,而是以媒体改革推动国家治理现代化的基层一环。习近平总书记对县级融媒体中心建设需要承担"引导群众,服务群众"的任务正是基于优化基层治理目标提出的,如此才能理解为什么中宣部与国家广电总局于2019年1月发布的《县级融媒体中心建设规范》明确要求"县级融媒体中心需要整合原有县级媒体资源,成为从单纯的新闻宣传向公共服务领域拓展的机构"③;也才能解释为什么该建设规范明确各县级融媒体中心需要打造一个自主可控的平台(即App)——它不仅是一个新型媒体平台,也是一个新型治理平台。从这个意义上来说,媒体融合就是一项新形势下的治国战略,"新媒体平台的融合发展能为多元主体参与地

---

① 习近平. 高举中国特色社会主义伟大旗帜　为全面建设社会主义现代化国家而团结奋斗——在中国共产党第二十次全国代表大会上的报告[EB/OL]. https://www.gov.cn/xinwen/2022-10/25/content_5721685.htm.
② 新华社. 中共中央关于进一步全面深化改革　推进中国式现代化的决定[EB/OL]. https://www.gov.cn/zhengce/202407/content_6963770.htm?sid_for_share=80113_2
③ 中共中央宣传部　国家广播电视总局. 县级融媒体中心建设规范[EB/OL]. http://www.nrta.gov.cn/art/2019/1/15/art_114_43242.html.

区政治提供空间和机会,打破政府封闭式的社会管理运行体系,推进国家治理的现代化"。①

二、社会治理数字化转型与基于县级融媒体平台的媒介化治理

(一) 数字化历程与媒介化社会

基层治理是国家治理的基石。今天的基层治理若仅仅由政府通过自上而下的科层链条来开展是远远不够的,数字技术与平台能够在一定程度上改变单向度为主的治理过程和多元主体参与难的治理局面,实现多方参与、多向互动,从而有助于破解一系列治理难题,提升治理效力。中国的数字化发展经历了从信息化到业务数字化再到全面数字化转型等阶段。

早在 2006 年,中共中央办公厅、国务院办公厅印发了《2006—2020 年国家信息化发展战略》,提出"电子政务应用和服务体系日臻完善,社会管理与公共服务密切结合,网络化公共服务能力显著增强"②的目标,初步显现出将社会治理信息化的思路。

然而,之后十年的信息技术发展之势远超预期,因此,到了 2016 年,中共中央办公厅、国务院办公厅根据新形势,在对《2006—2020 年国家信息化发展战略》调整和发展的基础上印发了《国家信息化发展战略纲要》,该纲要不仅进一步充实了"信息化"的内涵,还提升了前述目标的站位,将信息化水平与国家治理体系和治理能力现代化程度紧密关联,尤其明确提出要"构建基层综合服务管理平台,推动政府职能下移,支持社区自治。依托网络平台,加强政民互动,保障公民知情权、参与权、表达权、监督权"。③ 这为基层治理的信息化建设指明了方向。

2016 年 10 月,中共中央政治局就实施网络强国战略进行了第三十六次集体学习,习近平总书记特别指出:"随着互联网特别是移动互联网发展,社会治理模式正在从单向管理转向双向互动,从线下转向线上线下融合,从单纯的政

---

① 王炎龙,江澜.社会治理视阈下县级融媒体中心建设探究[J].南京政治学院学报,2018(6):101.
② 新华社.中央办公厅 国务院办公厅关于印发《2006—2020 年国家信息化发展战略》的通知[EB/OL]. https://www.gov.cn/gongbao/content/2006/content_315999.htm.
③ 新华社.中共中央办公厅 国务院办公厅印发《国家信息化发展战略纲要》[EB/OL]. https://www.gov.cn/zhengce/2016-07/27/content_5095336.htm.

府监管向更加注重社会协同治理转变。我们要深刻认识互联网在国家管理和社会治理中的作用,以推行电子政务、建设新型智慧城市等为抓手,以数据集中和共享为途径,建设全国一体化的国家大数据中心,推进技术融合、业务融合、数据融合,实现跨层级、跨地域、跨系统、跨部门、跨业务的协同管理和服务。要强化互联网思维,利用互联网扁平化、交互式、快捷性优势,推进政府决策科学化、社会治理精准化、公共服务高效化,用信息化手段更好感知社会态势、畅通沟通渠道、辅助决策施政。"[1]这是国家层面对互联网飞速发展背景下社会治理转型方向的一次集中阐释,为后续相关实践规划了清晰的路径。

2019年,中共中央办公厅、国务院办公厅印发了《数字乡村发展战略纲要》,该纲要明确指出"数字乡村……既是乡村振兴的战略方向,也是建设数字中国的重要内容"。[2] 提出在乡村治理方面要以"互联网+"的方式提高农村社会综合治理精细化、现代化水平。

2021年,国家在推行了十五年信息化发展战略的基础上发布了《中华人民共和国国民经济和社会发展第十四个五年规划和2035年远景目标纲要(草案)》,该草案明确提出接下来十四年的目标是:"迎接数字时代,激活数据要素潜能,推进网络强国建设,加快建设数字经济、数字社会、数字政府,以数字化转型整体驱动生产方式、生活方式和治理方式变革。"[3]"数字化"是对"信息化"的进一步升级,后者更多是在工具意义上对物理世界的运行进行优化,并没有从根本上改变物理世界的运行逻辑,而相比之下前者则更加彻底地对物理世界的运行逻辑加以改造,在这个过程中数据的价值空前凸显。

2023年,中共中央、国务院印发了《数字中国建设整体布局规划》,该规划指出:"建设数字中国是数字时代推进中国式现代化的重要引擎,是构筑国家竞争新优势的有力支撑。加快数字中国建设,对全面建设社会主义现代化国家、全面推进中华民族伟大复兴具有重要意义和深远影响。"[4]

从上述两份规划可以看出,数字化已经被提到影响全局工作的高度了,不

---

[1] 新华社. 中共中央政治局就实施网络强国战略进行第三十六次集体学习[EB/OL]. https://www.gov.cn/xinwen/2016-10/09/content_5116444.htm.
[2] 新华社. 中共中央办公厅 国务院办公厅. 印发《数字乡村发展战略纲要》[EB/OL]. https://www.gov.cn/zhengce/2019-05/16/content_5392269.htm.
[3] 新华社. 中华人民共和国国民经济和社会发展第十四个五年规划和2035年远景目标纲要[EB/OL]. https://www.gov.cn/xinwen/2021-03/13/content_5592681.htm.
[4] 新华社. 中共中央 国务院印发《数字中国建设整体布局规划》[EB/OL]. https://www.gov.cn/xinwen/2023-02/27/content_5743484.htm.

仅在手段与工具的层面发挥作用,而且成为国家运转的基础性、结构性力量。

赵欣将当下的基层社会治理数字化转型总结为"共享、平台和扩散"三条路径:"具体体现为共享维度下委办局专业治理与街镇居村综合治理之间数据和信息共享的目标、机制和路径;平台维度的公共管理数据、公共服务数据和人、房、事件和部件数据以及智能感知设备上实时生成数据的搜集、使用和评估体系;扩散维度的基层应用和公众应用效益。"[1]

县级融媒体平台的作用在上述三个维度都有所体现,它是基层社会治理数字化转型中的一项新型设计。它与其他数字化治理平台不同的是,媒介属性是它的基础属性,但与传统媒体发挥治理功能的逻辑和路径不完全相同的是,县级融媒体平台参与社会治理的前提是社会生活的深度媒介化。

"媒介化"(mediatization)主要是对新世纪尤其是近十年来以互联网与现代数字技术为代表的信息技术全面渗透现代生活的描述,它是指媒介作为技术手段、行事逻辑和社会关联的形态介入社会建构的过程。[2] 与将媒介视为外在于社会并对其施加影响的一种独立要素,即研究"媒介的社会影响"之范式不同的是,"媒介化"描述与处理的是媒介内在于社会并穿透社会、建构社会情境的现象[3]。

"媒介化"是近十年来欧陆传播学界讨论的焦点,出自不同研究传统的各路研究团队试图重新锚定媒介与当代社会政治、文化、经济生活之间的关系,它与全球化、个人化和商业化并列为当下人类社会发展演进的"元过程"[4]。在学者们看来,网络化社会的来临彰显了社会形态的变革,整个社会结构围绕信息化逻辑发生了重构[5]。因此,相比传统的"媒介研究"而言,"媒介化研究"有理论更新、重构的抱负与任务。

也正因如此,"媒介化"在政治学、公共管理学等学科涌现的"治理转向"(governance turn)潮流所强烈关注的多元利益群体赋权参与(empowered participation)、民主商议(democratic deliberation)等核心议题中扮演了重要

---

[1] 赵欣.基层社会治理数字化转型的现状及优化策略[J].湖南社会科学,2022(5):80-81.
[2] Couldry N, Hepp A. Conceptualizing mediatization: contexts, traditions, arguments [J]. Communication Theory, 2013,23(3).
[3] Hepp A, Hjarvard S, Lundby K. Mediatization — empirical perspectives: an introduction to a special issue [J]. Communications, 2010,35(3).
[4] Krotz F. The Meta-process of 'mediatization' as a conceptual framework [J]. Global Media and Communication,2007,3(3).
[5] 戴宇辰.媒介化研究:一种新的传播研究范式[J].安徽大学学报(哲学社会科学版),2018(2).

角色①。闫文捷、潘忠党与吴红雨将该角色的行动过程描述为"媒介化治理"，即媒体嵌入治理、二者相互依存的形成过程②，认为它摆脱了媒介决定论、工具主义和主客体二元对立的逻辑，它所面对和处理的是媒介逻辑与社会形态发展、运作机制等耦合构造的液态表征的深度媒介化社会③，考察媒介化社会治理结构、治理主体组织形态、治理运作模式与机制的转变④。这样一来，媒介化治理的内涵与外延均出现了多维扩展的态势，其依赖媒介从机构媒体转向扩大化的机构媒体与个人媒体（自媒体）并存，其治理领域也从传统的政策制定扩展到公共问责、民主参与、社会变革和日常生活等⑤。

在中国，自2013年中共十八届三中全会将"国家治理体系和治理能力现代化"作为深化改革的总目标以后，"治理"一词就大量地进入了政策话语和媒体话语中。相比之下，它进入学界讨论的历史更早，"英语中的'治理'（governance）源于拉丁文和古希腊语，原意是掌舵、引导和操纵。长期以来它与'统治'（governance）一词交叉使用，并且主要运用于对各类公共事务的管理活动和政治活动的描述。但是，自20世纪90年代以来，西方政治学家和经济学家赋予'governance'新的含义，试图将其与传统的'统治'概念进行区分。"⑥

然而，学界对于"治理"并没有一个统一的定义，不同的学科、学者对这一概念存在不同的理解，并且在不同时期，其内涵也在发生变化。童星认为："在关于'治理'的各种定义中，联合国下属的全球治理委员会（The Commission on Global Governance）的定义颇具代表性和权威性。该委员会在名为《我们的全球伙伴》（"Our Global Neighborhood"）的研究报告中对治理做出如下界定：治理是个人与各种公共的或私人的共同管理社会事务的多种方式的总和。它是使不同的甚至是相互冲突的利益得以调和并且采取联合行动的持续的过程。"⑦各种定义虽然表述不同，但其核心逻辑都是强调权力从国家向社会转移⑧。从

---

① Warren M E. Governance-driven democratization [J]. Critical Policy Studies, 2009,3(1).
② 闫文捷,潘忠党,吴红雨.媒介化治理:电视问政个案的比较分析[J].新闻与传播研究,2020(11).
③ 郭小安,赵海明.媒介化治理:概念辨析、价值重塑与前景展望[J].西北师大学报(社会科学版), 2023(1).
④ 罗昕.媒介化治理:在媒介逻辑与治理逻辑之间[J].湖南师范大学社会科学学报,2022(9).
⑤ 张梅.在比较的视野下:移动互联网时代的突发事件与媒介化治理[J].编辑之友,2022(12).
⑥ 童星.中国社会治理[M].北京:中国人民大学出版社.2018:6.
⑦ 童星.中国社会治理[M].北京:中国人民大学出版社.2018:8.
⑧ 王丽萍,郭凤林.中国社会治理的两副面孔:基本公共服务的视角[J].南开学报(哲学社会科学版), 2016(3).

西方语境来看,治理观念的变化与20世纪70年代以来兴起的新自由主义政治经济思潮背景下"要解决资本主义体制的内外部危机,至少是将权力和责任部分地从国家或政府转移出去,进而激发社会和市场的民主动能"①有关。在此背景和逻辑之下,国家与社会之间的关系是二元分离甚至二元对立的,"治理"转向意味着国家权力的收缩与社会权力的扩张。基于此,治理研究逐渐开始强调和重视对多元主体的研究——政府不再是唯一的治理主体,各类社会组织、机构以及公民个体等多元主体共同参与其中,通过彼此互动与协商达成公共利益的最大化。

但在中国的历史语境中,国家与社会的关系从未截然二分,而是彼此缠绕在一起,国家既是社会改革的推动者,也需要通过社会改革的水平获得正当性。在1978年之后相继进行的农村改革和城市改革中,改革的推进都是"国家"通过对其自身职能的转变与改造,促成了包括市场在内的社会诸要素的布局与重组②。在这种情形下,"治理转向"意味着国家通过向社会赋权获得赋能。也正因为如此,不能脱离国家治理结构和目标来谈多元治理主体的参与。然而,如戴宇辰等人所言,中国语境下的媒介与治理并非"压力—回应"型关系,"媒介(至少是主流媒体)的实践规则与行动逻辑通常内嵌于国家治理体系,而非处于二元对立的状态。正是由于这种媒介与国家治理体系的内嵌式结构,本土语境下的媒介化治理研究也就理所当然地应该避免陷入国家与媒介非此即彼、二元对立的新自由主义陷阱,重视国家通过媒介来创新社会治理实践的主导型作用。"③

此外,李春雷等人从现代性的角度指出:"在媒介化的结构情境中,互联网用户在经历由技术赋权到技术确权的过程中,将虚拟与客观世界所衍生的权利观念实现了最大的交集,从而刺激主体权利意识的觉醒并映射到现实的社会行动中,如突发公共事件中'依媒抗争'的工具思维、契合社交媒体围观效应的'闹大意识'等,也促使现代性环境下的风险更具备不确定性的演进特征,多元主体的参与式治理也理应成为媒介化环境下的内在要求。概言之,现代性风险已然具有高度的系统性和流动性,强调过程性与动态性的媒介化治理,恰恰是对以往单向性、工具性与控制性治理的反思,也是适应媒介化社会中的圈

---

① 姬德强.平台化治理:传播政治经济学视域下的国家治理新范式[J]新闻与写作,2021(4):21.
② 汪晖.去政治化的政治[M].北京:生活·读书·新知三联书店.2008.
③ 戴宇辰,葛家明.治理的媒介化? 重思媒介化研究的本土取径[J].全球传媒学刊,2023(6):149.

层流动、价值分化问题的新治理图景。"①

(二) 作为社会治理的县级融媒体平台公共服务

"郡县治,天下安。"县域社会是城市与乡村的交会地带,从古至今都对整个国家治理体系具有特殊意义,但在不同的历史阶段,其使命与潜能不完全相同。2022年5月,中共中央办公厅、国务院办公厅印发了《关于推进以县城为重要载体的城镇化建设的意见》(下文简称《意见》),该意见明确指出:"县城是我国城镇体系的重要组成部分,是城乡融合发展的关键支撑,对促进新型城镇化建设、构建新型工农城乡关系具有重要意义。"②尤其在今天,城乡之间的双向流动已经愈加频繁,城市不再是各种要素流动聚合的唯一空间,县域在新型城镇化建设与乡村振兴中的重要性逐渐凸显。

然而相比城和乡而言,以往县域较少进入新闻传播学研究的视野,核心原因是县域媒体及其对公众影响的式微。尽管20世纪50年代以来,中国曾出现过三次县级媒体建设的高潮,各类媒体的绝对数量逐渐庞大,但经历数次整顿以及县域社会的深刻变迁后,县级媒体的数量以及影响力都大幅降低③。然而,如吕德文和杨华所说,当前的县域社会已经是一个高度分化和异常复杂的现代社会,这使得城乡关系的处理及其与国家治理的影响面临着空前挑战。在这个意义上,研究社会治理数字化转型中的县级融媒体平台,能够为党的十九大决策部署、党的二十大着力推进的"城乡融合"发展战略搭建重要桥梁。对此,《意见》明确提出,未来要"以县域为基本单元推进城乡融合发展,发挥县城连接城市、服务乡村作用,增强对乡村的辐射带动能力,促进县城基础设施和公共服务向乡村延伸覆盖,强化县城与邻近城市发展的衔接配合"。④ 不过,目前实践中还有不少困难和问题,不同区域的实际情况差异也比较大,县之于城乡的独特作用尚未充分发挥出来,这既是该《意见》出台的背景,也是国家建设县级融媒体中心的重要原因。

当然,县级融媒体中心既不能解决所有的基层治理问题,也不能独立发挥

---

① 李春雷,申占科. 媒介化治理:概念、逻辑与"共识"取向[J]新闻与写作. 2023(6):6-7.
② 中共中央办公厅和国务院办公厅. 关于推进以县城为重要载体的城镇化建设的意见[EB/OL]. http://www.gov.cn/zhengce/2022-05/06/content_5688895.html.
③ 胡钰,杨鹏程. 在地传播:县级融媒体中心建设的人民性与地方性[J]. 青年记者,2024(7).
④ 中共中央办公厅,国务院办公厅. 关于推进以县城为重要载体的城镇化建设的意见[EB/OL]. http://www.gov.cn/zhengce/2022-05/06/content_5688895.html.

治理功能，它只是参与治理的多元主体之一，并且需要与其他主体建立行动关系。具体来说，县级融媒体平台参与社会治理的路径是"新闻＋政务服务商务"。在传统媒体时代，媒体主要是通过新闻对环境的监测（特别是调查性报道、批评性报道等监督类内容）来实现治理功能。在今天，新闻生产依然是媒体参与治理的基本途径，但对于县级融媒体平台来说，一方面，其新闻内容的在地性与服务性往往比上级媒体更为突出；另一方面，它还具有"政务""服务""商务"功能，但其与新闻生产之间的关系不能割裂，只有与新闻相加相融，才能区别于其他数字化治理平台，发挥不可取代的作用。

首先，如中宣部与国家广播电视总局于2019年1月15日发布实施的《县级融媒体中心建设规范》（下文简称《规范》）要求，县级融媒体中心需要"对接政府部门技术平台，按照'媒体＋'的要求，实现政务服务功能，为智慧政务提供信息发布及宣传、互动业务。包括新闻发布、政务公开、政务办理、建言资政、服务评价等。"①

其次，根据《规范》的描述来看，县级融媒体平台提供的"服务"主要指向"公共服务"。不过需要指出的是，这里的"公共服务"需要从不同维度来理解。参照郁建兴等人的解释："广义的公共服务与私人服务相对应，属于市场失灵的领域，是'政府为满足社会公共需要而提供的产品和服务的总称'。它以'满足公众需要'和'公民平等享受'为主要特征，政府的经济调节、市场监管、社会管理和公共服务职能均能纳入到广义公共服务的范畴。狭义的公共服务，指的是政府四大职能中，平行于'经济调节、市场监管、社会管理'的部分，包括教育、医疗服务、公共卫生、社会保障、就业服务、环境保护、科技服务等内容。"②

对于县级融媒体平台来说，"公共服务"不仅分为广义和狭义，它应该分为三个层面，第一个层面包含"新闻＋政务服务商务"所有内容，第二个层面包含新闻以外各种类型的服务，第三个层面则按照《规范》的界定包含"民生、文化、教育"等方面的服务。从第一个层面来说，它是"基于区县级融媒体中心与基层社会之间的关联而对其公共性的指认。20世纪90年代以来的'村村通''户户通'工程主要从基础设施的层面打通了'最后一公里'，今天区县级融媒体中心则主要肩负着从内容生产层面打通'最后一公里'的任务。但要想真正激活

---

① 中共中央宣传部,国家广播电视总局.县级融媒体中心建设规范[EB/OL].http://www.nrta.gov.cn/art/2019/1/15/art_114_43242.html.
② 郁建兴,吴玉霞.公共服务供给机制创新：一个新的分析框架[J].学术月刊,2009(12):14.

它们的传播力，仅仅输出新闻和其他消费性内容是不够的，尤其在其同类内容生产能力普遍弱于市级以上媒体的情况下，这恰恰是过去区县级媒体传播力有限的关键原因。从这个意义上说，今天'新闻＋政务＋服务'①的建设思路意味着，区县级融媒体中心将自身作为深度整合社会资源和新形势下深度驱动基层社会良性运转的'枢纽'。"②

也正是在这个意义上，特别要指出的是，此处的"商务"不能简单地等同于其他市场主体所开展的"商务"，其根本区别在于前者不以追求利润的最大化为目的。从性质上讲，目前全国绝大部分县级融媒体中心是事业单位③，有的是公益一类事业单位，完全由财政拨款支持，有的则是公益二类事业单位，实行差额拨款，需要通过经营补足差额。从课题组④的调研来看，目前作为公益一类事业单位的县级融媒体中心要么没有开展商务活动，要么是与企业商家合作开展各种非营利活动。而作为公益二类事业单位的县级融媒体中心虽然需要开展商务活动，但其营利主要发挥的作用是"造血"，即用于维持县级融媒体中心自身正常运营发展。因此，从上述这两种情况来看，县级融媒体中心的"商务"也可以并应当纳入广义公共服务的范畴。前述《县级融媒体中心建设规范》对县级融媒体中心建设的总体要求也体现了将其各项职能都纳入公共服务范畴的思路："应按照'媒体＋'的理念，从单纯的新闻宣传向公共服务领域拓展，增强互动性，从单向传播向多元互动传播延伸，将媒体与政务、服务等业务相结合，提供多样化综合服务，满足用户多样化的需求，开展'媒体＋政务'、'媒体＋服务'等业务。"⑤

基于上述分析，县级融媒体平台参与社会治理主要就是通过提供公共服务实现的，因此，本书将聚焦于"公共服务"。正如王丽萍和郭凤林所说："公共服务不仅是社会治理改革的试金石，更成为考察和评价社会治理领域诸多改

---

① 在2020年9月中共中央、国务院办公厅印发的《关于加快推进媒体深度融合发展的意见》提出要探索建立"新闻＋政务服务商务"的运营模式。本书引用的这篇文章写作时该意见尚未印发，因此未提及"商务"。
② 石力月，戴冉. 基层公共服务精准供给：区级融媒体中心建设路径研究：以上海实践为例[J]. 现代传播，2020(9)：6.
③ 也有少数例外，例如课题组调研过的北京经开区融媒体中心就是由事业单位整建制转为企业的融媒体中心。
④ 本课题组是基于上海市哲学社会科学规划中青班课题"媒体融合背景下广播电视生产与公共服务机制研究"(2018FZX022)组建的，简称"课题组"。
⑤ 中共中央宣传部，国家广播电视总局. 县级融媒体中心建设规范[EB/OL]. http://www.nrta.gov.cn/art/2019/1/15/art_114_43242.html.

革的重要评价指标。……公共服务是考察社会治理的一个重要视角,在很大程度上可以说是考察社会治理的最为敏感和准确的领域。"①需要强调的是,本书对县级融媒体平台"公共服务"的理解是基于前述第一个层面的,因此,"新闻＋政务服务商务"都将纳入分析。

不过,从2018年以来的实践看,对于县级融媒体中心究竟如何向公共服务领域拓展,全国不同区域实践的方式和程度都不一样,其中既有创新也有困难。如杨华所说:"全国不同县域的人文地理、社会结构、市场发展、财政能力、资源禀赋、文化水平、治理技术等不同,面临的治理形势与目标、治理问题与挑战、治理经验与方式也必然存在差异。"②事实上也正因为如此,在《关于推进以县城为重要载体的城镇化建设的意见》中也可以看到,国家对不同县城的发展有明确的分类引导,提出要"加快发展大城市周边县城""积极培育专业功能县城""合理发展农产品主产区县城""有序发展重点生态功能区县城""引导人口流失县城转型发展"等。在这种情形下,我们对县级融媒体平台的研究也需要充分"在地化",在结合丰富而异质的地方经验基础上,才有可能获得总体性的认知。因此,本书是一份基于田野的研究,"田野"不仅代表研究方法,也指向面对实践的整体研究取向。

三、数字化转型中的县级融媒体中心建设及反思

(一) 县级融媒体平台实践的地方性与差异性

2019年以来,课题组先后对上海区级融媒体中心③和全国其他省份几十家县级融媒体中心开展了田野调查,不同的融媒体中心所在区域基本涵盖了前述不同类型的县域。这些融媒体中心自身建设与发展情况也各不相同,为本书的写作提供了比较丰富的样本。其中,课题组对上海进行了两次集中调研,第一次是在2019—2020年各中心建设起步的阶段,第二次则是在2021—2022年各中心进入"建强用好"的阶段。除了这两次集中调研以外,课题组还开展了持续至今的个案追踪调研。上海作为深度调研的样本有多个层面的丰

---

① 王丽萍,郭凤林.中国社会治理的两副面孔:基本公共服务的视角[J].南开学报(哲学社会科学版),2016(3):94-95.
② 杨华.县乡中国:县域治理现代化[M].北京:中国人民大学出版社.2022:236.
③ 本书在单独论及市辖区的情况时,使用"区级融媒体中心"的名称,但在论及全国整体性的情况时,将"区级融媒体中心"纳入"县级融媒体中心",统一使用后者,特此说明。

富性:既有城市也有乡村;融媒体中心既有公益一类事业单位,也有公益二类事业单位;既有全市统一的平台业务,也有各区不同的实践路径。同时,上海实践也尤具特殊性、复杂性与困难性,它们共同使得上海实践对于全国其他地区来说都具有一定的参照意义。

首先,上海实践的特殊性在于它是一个直辖市,拥有16个市辖区、107个街道、106个镇、2个乡,这使得上海的区级融媒体中心不仅与其他地区的县级融媒体中心所处生态差异较大,而且其内部也具有明显的差异性。作为直辖市,上海的治理格局是"两级政府,三级管理",与其他县域相对独立的治理情形不同的是,上海的"市"对"区"在各个方面都形成了较大程度的覆盖,这在其中心城区体现得尤为明显。一方面,"在传统的媒体格局中,上海区级媒体无论在资本还是资源上都比较有限,上有实力雄厚的市级电视台,下有紧贴居民日常生活的社区报,此外还有各类层出不穷的新媒体和自媒体,区级媒体的发展空间非常有限,也难以激活其与城市生活应有的关联。"①另一方面,上海的市级政务服务"一网通办"平台建设较早,功能强大,几乎将所有政务服务、各类公共服务一网打尽,并且还在不断地向各区、街镇、居村等下沉,已经能够较大程度地满足公众对各类服务的基本需求,因此,留给区级融媒体平台发挥的空间并不太大。这是不同于其他县域甚至其他直辖市(例如课题组调研过的北京、天津)的特殊性所在,也是上海社会治理数字化程度较高对区级融媒体中心具有的"双刃剑"效应。

其次,上海实践的复杂性与困难性也与上述特殊性有一定的关系。正因为"市"对"区"的全方位覆盖,各类市级媒介平台和治理平台也相对强势,所以区级融媒体平台寻求差异化开发路径的压力增大。此外,由东方网提供支持的市级统一技术平台具有高度的组织性,一方面能够实现各区级融媒体中心之间的高效联动,发挥整体效应,这通常表现在一些重大事件的报道与各类服务中。但另一方面,这也可能使得各区级融媒体中心的实践自主性(包括技术上各类个性化的开发)受到一定程度的限制,在各区区情有差异、发展程度不一、治理方式和水平也有差异的情况下,灵活性有一定的不足。

此外,目前上海区级融媒体中心在体制改革上的空间比较有限,一方面,大部分区级融媒体中心②仍是公益一类事业单位,不能开展经营业务;另一方

---

① 石力月.上海区级融媒体中心建设发展调研报告(2019—2020年)[M].上海:上海社会科学院出版社,2020:6.
② 从调研的情况来看,上海中心城区的区级融媒体中心以公益一类事业单位为主,而郊区的融媒体中心大多是公益二类事业单位。

面,属于公益二类事业单位的区级融媒体中心的经营收入要遵循"收支两条线"的原则来管理。因此,它们能够提供的商务服务普遍比较有限,这使得它们必须通过不断地下沉、深耕其他服务等来打开局面。因此,课题组从对全国不同地区的调研来看,相比之下,上海的区级融媒体中心对各类服务的探索相对较多,有一些实践甚至是独有的,这很大程度上并不仅仅源于其资源优势,而更多是空间有限倒逼其不断开拓的结果,这是深度调研上海实践对全国各地县级融媒体中心的启示意义之所在。

在持续跟踪上海实践的基础上,从2021年起,课题组逐渐把调研范围扩展到长三角地区,然后再逐渐扩展到全国东、中、西部其他省份。一方面,课题组试图将不同区域的实践互相参照、进行比较,提炼共性问题及差异性的问题进行深入分析;另一方面,课题组在不同地区调研和比较分析的基础上,开展总体性研究。目前,除了上海全境16个区以外,课题组还对全国其他地区26个县级融媒体中心进行了一轮调研,它们分布于全国23个省份。

(二) 数字化治理的"终极之问"与县级融媒体中心建设的逻辑起点

2020年11月发布的《中共中央关于制定国民经济和社会发展第十四个五年规划和二〇三五年远景目标的建议》明确提出要"加强数字社会、数字政府建设,提升公共服务、社会治理等数字化智能化水平"①,为社会治理的转型指明了方向。

在此纲领性的文件基础之上,各地陆续出台了本地的数字化转型方案,上海市是全国最早出台相关方案的地方之一。2021年初,上海正式发布了《关于全面推进上海城市数字化转型的意见》,该文件提出的目标是:"到2025年,上海全面推进城市数字化转型取得显著成效,国际数字之都建设形成基本框架。到2035年,成为具有世界影响力的国际数字之都。"②同年10月,上海市人民政府办公厅根据该意见制定印发了《上海市全面推进城市数字化转型"十四五"规划》,将上述目标按阶段进行了具体分解,提出要"对标打造国际一流、国内领先的数字化标杆城市,基本构建起以底座、中枢、平台互联互通的城市数基,经济、生活、治理数字化'三位一体'的城市数体,政府、市场、社会'多元共

---

① 新华社. 中共中央关于制定国民经济和社会发展第十四个五年规划和二〇三五年远景目标的建议[EB/OL]. https://www.gov.cn/zhengce/2020-11/03/content_5556991.htm.
② 上海市委、市政府. 关于全面推进上海城市数字化转型的意见[EB/OL]. https://ghzyj.sh.gov.cn/gzdt/20210108/4dc5093a51e2462293a1a4ea104b1b71.html.

治'的城市数治为主要内容的城市数字化总体架构,初步实现生产生活全局转变,数据要素全域赋能,理念规则全面重塑的城市数字化转型局面"①。在上述两份文件的基础上,2022年3月,上海市人民政府办公厅印发了《上海城市数字化转型标准化建设实施方案》:"围绕'经济、生活、治理'全面数字化转型要求,通过研制实施一批能用、管用、好用的数字化转型标准,构建具有系统性、协调性、开放性的城市数字化转型标准体系,为打造具有世界影响力的国际数字之都提供标准支撑。"②从上述政策文件的目标能够看出,"数字化"不仅是城市未来发展的方向之一,而且是对城市整体性、深层次改造和赋能的结构性力量。

郑磊对此总结为,所谓城市数字化转型"可定义为由数字技术和数据要素驱动的城市发展模式与实体形态的结构性转变,覆盖经济产业、社会生活、政府治理等诸多方面的转型。……'建设'是一种从无到有的过程,更多强调技术的、硬件的、实物的建设,而'转型'则强调对原有形态的转变,需要协同推进技术、制度、规则、功能、生态等各个方面的转型。"③他由此强调,"城市数字化转型既不是某一个领域的单方面转型,也不是各个领域的各自转型,而应把整个城市作为一个有机生命体,全面协同地推进城市在经济、生活和治理各个领域的整体性转变。"④也正因为是一种"整体性转变",所以必须回答的一个问题是"为谁而转变"。郑磊认为,必须考虑这样几个问题:"第一,城市数字化转型的受益对象是数字优势群体,还是全体公众?……第二,城市数字化转型的根本目的是让城市更数字化,还是让生活更美好?……第三,城市数字化转型的过程是单方主导,还是全社会的共建共治共享?……第四,城市数字化转型的结果是用技术束缚和'算计'人,还是实现人的全面解放和发展?"⑤

同样地,文森特·莫斯可(Vincent Mosco)在《数字世界的智慧城市》一书中也提醒我们,数字技术"是强大的,并提供了一种机会,将一个古老的机构——城市,打上数字世界最新的烙印。然而,这个焦点回避了选择什么技术、为了什么目的和为了谁的利益的问题。这些是关于治理的古老问题,仍然

---

① 上海市人民政府办公厅. 上海市全面推进城市数字化转型"十四五"规划[EB/OL]. https://www.shanghai.go v.cn/nw12344/20211027/6517c7fd7b804553a37c1165f0ff6ee4.html.
② 上海市人民政府办公厅. 上海城市数字化转型标准化建设实施方案[EB/OL]. https://www.shanghai.gov.cn/nw12344/20220420/ff051a984ba34d74abf95dacdd2031b0.html.
③ 郑磊. 城市数字化转型的内容、路径与方向[J]. 探索与争鸣,2021(4):148.
④ 郑磊. 城市数字化转型的内容、路径与方向[J]. 探索与争鸣,2021(4):149.
⑤ 郑磊. 城市数字化转型的内容、路径与方向[J]. 探索与争鸣,2021(4):150-151.

是城市生活未来的核心。"①2019年，习近平总书记考察上海，提出了"人民城市人民建，人民城市为人民"的理念。2020年6月，《中共上海市委关于深入贯彻落实"人民城市人民建，人民城市为人民"重要理念，谱写新时代人民城市新篇章的意见》审议通过，"人民城市"理念的提出似乎能够作为莫斯可之问的答案。

然而，不仅仅是上海，如莫斯可所说关于治理的古老问题也应该是我们今天研究全国县级融媒体中心的落脚点与归宿。如胡钰和杨鹏成所说："人民性和地方性的价值取向要求县级融媒体中心始终立足于基层治理与县域发展，始终服务于当地人民群众的根本利益，同时推动所在地区的地方性朝着更契合时代发展的方向进行自我更新与再生产。……为此，在推进县级融媒体中心建设的进程中，应将人民性与地方性的同构作为其核心价值内涵，作为建设实践的根本遵循，并在实践中进行创造性的实现。"②

不过，对于县级融媒体中心的具体建设和运营而言，还需要进一步回答：如何才能真正实现人民性？这个问题不能抽象，必须落地。县级融媒体中心作为最为基层的新型媒体机构，就站在离公众最近的地方，但这并不意味着它就能够不言自明地兑现人民性。

对于县级融媒体平台来说，"数字化"是其功能基础与服务形态，但如前文所强调，它的底色是"媒介"，这使其与其他数字化服务平台有着显著的区别——县级融媒体平台不仅与内容生产相关联，而且在"交互性"上具有优势。从这个意义上来说，它不仅仅是数字化平台，而是以数字化为基础的融媒平台。

在2022年的新冠疫情中，上海区级融媒体平台也发挥了无可取代的功能，其中最突出的表现便是对疫情的分区发布。如郑亮所说："由于突发公共事件事关公共利益，因而相较于全国其他地区，群众往往更加关心突发公共事件在本地的发展。基层应急管理中媒体对本地信息的报道相较于中央、省、市级来说更加翔实，群众可以了解到更多有关本地的应急信息。"③新冠病毒的传染性很强，传播速度很快，并且具有相当的隐匿性，人群的感染风险与其物理空间的位置关系十分密切，因此，第一时间了解自己所在区域、街道、社区、楼

---

① 文森特·莫斯可. 数字世界的智慧城市[M]. 上海:格致出版社,2021:143.
② 胡钰,杨鹏成. 在地传播:县级融媒体中心建设的人民性与地方性[J]. 青年记者,2024(07):61.
③ 郑亮. 县级融媒体中心和基层社会治理研究[M]. 广州:暨南大学出版社,2020:125.

栋的具体情况对人们来说是非常重要的。

最初,全市的疫情发展情况是通过市级平台"上海发布"统一发布的,2022年3月19日,"上海发布"发布通知:"按照统一部署,今起病例居住地信息将按区划分进行统计,您可关注所在区的官方微信,第一时间了解本区病例的详细信息,稍后小布①也将汇总各区信息。"②该通知所言各区官方微信就是由各区级融媒体中心运营的平台之一,此后,人们每天只需要前往自己所在区官方微信公众号查看,就能够迅速得知自己所在区域及周边的疫情情况,形成了有效且必要的信息分流。也正因为如此,疫情防控期间各区官方微信公众号粉丝量骤增,据悉,徐汇区融媒体中心微信公众号"上海徐汇"的关注量就从疫情前的18万左右增长到了50万左右。也因为疫情发展与物理空间的高度关联,所以实际上前述日常状态下市级高度覆盖区级的格局在一定程度上被打破了,市级层面统一的消息发布与提供的服务不足以满足人们在疫情期间的基本需求,区、街道、社区、楼栋的重要性前所未有地凸显出来,这是区级融媒体平台充分发挥其独特作用的前提。因此,除了承担信息发布分流的任务以外,各区融媒体平台在应急状态下也有较大的空间深耕本区,例如:对区内涌现的典型案例、特色经验、感人事迹等进行深度报道,这不仅仅能够起到新闻宣传的作用,更重要的是,在特殊时期能够起到广泛的动员与服务作用。2022年4月中下旬,各区融媒体中心还在其旗下客户端推出了区融抗疫专栏,全面聚合本区和全市疫情最新数据情况、三码查询服务、意见征集、核酸检测点查询、新闻咨询等抗疫相关的服务和内容,为公众提供精准的"一站式"服务。

需要指出的是,除了不断下沉与深耕本区以外,全市16个区级融媒体中心也建立了高效的联动机制,这主要表现在两个方面,一是与东方网合作,每天共同直播市级疫情发布会;二是各区融媒体中心共建"疫情防控工作问题建议征集平台",这在2020年的新冠疫情期间就曾经实践过,获得了良好的效果。各区级融媒体中心能够通过该征集平台将公众们反映的问题及时转给相关部门,起到了将12345公众服务热线分流化、网络化的作用,同时也因为是直接在区级融媒体平台反馈,省去了由市级平台分配流转区级部门的环节,进一步提升了问题处理的效率、便捷性与精准性。

不过,从新冠疫情期间的实践来看,社会治理仅仅依靠数字化的响应是不

---

① 指"上海发布"。
② 摘自微信公众号"上海发布"3月19日07:51发布的信息。

够的。县级融媒体中心要在基层社会治理方面发挥更大的作用仍需要结合线下的努力,"线下"与"线上"共同发力才有可能避免数字失灵所带来的一系列问题。"数字化"不等于简单的"技术化""机器化""智能化"甚至"去人化",而是归根结底需要以人为中心讨论创新的渠道与机制。如陈保中所说:"基层治理的一些领域或者环节,比如党的建设、矛盾调处、群众工作等领域,数字化本身并不能带来所谓的'根本性'变化,在这些领域仍然应充分发挥好我们党的组织优势、我们群众工作的优势。"[1]此外,我们还要警惕数字鸿沟的进一步拉大:"数字技术过分强势,可能削弱社会公众作为社会治理主体的存在,也可能在治理过程中产生新的不公平。"[2]因此,一言以蔽之,县级融媒体中心能否实现向公共服务领域的拓展,赋能基层社会治理,不仅仅是功能设计层面的事情,还相当程度地取决于外部诸多要素、行动及其与多主体之间的关系,需要相关研究持续地观察、分析、更新与厘清。

第二节　文献综述

自 2018 年县级融媒体中心建设成为国家战略以后,相关研究无论从数量还是从视角来看,都愈加丰富。其中,以"基层治理"为视角的研究已有不少,但其基于不同实践的多样性与基于"点面结合"的系统性还比较有限。

一、基层治理的数字化转型研究

过往关于基层治理的研究主要集中于公共管理、政治学、社会学等学科,近年来相关研究大体可以分为两类,一类是聚焦于基层治理长期存在的痛点难点问题,另一类是聚焦于社会的不断变迁带来的新的治理难题。无论在城市基层还是乡村,这两类问题都存在,有学者在研究城市基层治理问题时指出,以社区为载体的社会生活共同体建设形势不乐观,城市发展的多样性和不平衡性也对城市基层治理有影响[3]。也有学者在研究乡村治理问题时指出,乡

---

[1] 陈保中. 基层治理复杂多变,数字化转型如何落实?[N]. 社会科学报,2021-03-04.
[2] 陈保中. 基层治理复杂多变,数字化转型如何落实?[N]. 社会科学报,2021-03-04.
[3] 焦亦民. 当前中国城市基层治理问题及对策研究[J]. 中国行政管理,2013(3).

村治理需要研究农民的主体性①,而今天"空心化"与"新农人"并存的现象,对治理具有深刻的影响。尽管城乡有差别,但基层治理的方向都由政府全能转向了社会多元主体协同②。不过,有学者发现,相关机制缺陷会使多元共治的新型社会治理格局难以形成③。

在信息时代,不断发展的技术手段具有解决上述问题的可能。如有学者所言:"权力体系、空间结构、利益诉求等方面碎片化问题严重困扰着我国的基层治理。……作为实现整体性治理的传统路径,机构改革的周期、成本和底限决定其在应对碎片化问题时存在短板,在这种情况下,信息技术手段的应用对于整体性治理的进一步拓展就显得十分必要。……整体性治理和互联网技术结合则成为一个必然选择。"④与将部分公共服务资源线上化的电子政务不同的是,数字治理包含了更多系统性的数据处理、交互和联动⑤。不少研究都指出,数字治理需要建立无边界的治理平台或者网络综合/共享平台,它以大数据为基础,运用互联网、物联网、云计算、人工智能等信息技术打破原有割据壁垒,以各供给主体协同合作互动为基础,激发公众参与的积极性,为其提供无缝隙、高匹配度的公共服务。

但也有学者指出,今天的基层治理数字化转型也存在依赖技术治理、技术工具使用表面化、忽视线下实质性社区互动及群众工作能力的问题⑥。

相比之下,国外学界的相关研究整体比国内早十年以上。早些年聚焦于如何使公民参与通过信息与通信技术(ICT)来影响公共服务,其实质是借助ICT来扩大民主参与和推行行政改革,核心内涵是权力重构、分享与合作⑦。近十年左右,随着欧美政府在实践层面实施人工智能国家战略,并加速数字治理在公共服务领域的创新和发展,涌现了不少对人工智能、算法歧视等数字化实践的反思性研究。

---

① 彭澎. 经济社会转型期农村基层问题治理问题研究的新思维与新方法[J]. 湖湘论坛,2012(4).
② 王卫. 宪政视野中的社会协同:基于我国城市基层治理问题研究[J]. 深圳大学学报(人文社会科学版),2010(3).
③ 陈沛然,廖伟,唐君军,等. 地方社会组织参与江苏基层治理问题研究[J]. 社会政策研究,2017(5).
④ 门理想,王丛虎. "互联网+基层治理":基层整体性治理的数字化实现路径[J]. 电子政务,2019(4):36-37.
⑤ 黄建伟,陈玲玲. 公民问责与政务服务的同步创新:我国地方电视问政的过去、现在和未来[J]. 新视野,2018(2).
⑥ 孙柏英. 新政治经济学与当代公共行政[J]. 北京行政学院学报,2002(3).
⑦ Allen B, Juillet L, Paquet G, et al. E-governance & government on-line in Canada: partnerships, people & prospects [J]. Government Information Quarterly, 2001.

如前所述,已有不少研究都提出需要通过数字化平台来实现治理创新,这种平台既需要运用各种新技术手段,也需要具有协同多元主体和引导公众参与的能力。但是对于究竟如何能够使得多元主体协同合作互动激发公众参与的积极性还比较缺乏以实践为基础的研究。就目前基层政府不同机构所主导的各类治理平台来看,协同多元主体和引导公众参与都是难题。本书认为,县级融媒体平台恰恰能够在这两方面发挥效用,然而公共管理等学科比较缺乏对媒介化研究的视野。因此,本书试图从新闻传播学科出发,以对县级融媒体平台的研究提供一些媒介化视角的补充。

目前,在全国不少区域各类数字治理实践程度还比较有限,尚未充分有效地延伸至基层社会。本书试图在广泛调研的基础上,既呈现不同区域的差异,也尽可能在差异性的基础上呈现共性,在新型技术系统建设、平台应用功能布局、多元供给主体协同以及公众互动参与等多个方面对县级融媒体平台进行研究。

二、县级融媒体与基层治理研究

如前一节所述,国家对县级融媒体中心的建设思路和要求是"从单纯的新闻宣传向公共服务领域拓展",由此可以看出,它不是原有县级媒体机构的简单加总,而需要通过"媒体+"的形式与其他社会领域、多个条线进行融合对接,从而达成其业务范畴的新型设计。既有研究对县级融媒体赋能基层治理的研究也主要围绕此基本思路展开。

具体而言,既有研究主要分为三类,第一类是围绕媒介传统业务范畴的研究,即探讨县级融媒体如何通过信息传播、舆论引导赋能基层治理。今天移动互联网及其搭载的社交媒体高度发达,使得人们能够便捷地与世界对话,获取全球各个角落的信息,但在这样的媒介生态下,如项飙所说:"人们对自己周边的生活究竟是怎么样的,认知反而是很模糊的。"[①]这意味着在地社会的关联不断弱化,而县级融媒体中心作为新型基层媒体机构,整合了原有县级广播电视、报刊、新媒体等资源,通过多个平台全方位提供海量的本地新闻与生活资

---

① 项飙,康岚."重建附近":年轻人如何从现实中获得力量?人类学家项飙访谈(上)[J].当代青年研究,2023(5):3.

讯①,这对于治理来说具有链接在地社会的意义。但在这个过程中,县级融媒体平台内容生产质量有待提高,尤其存在交互性有限的问题,用户生产内容未得到足够的重视,从而使得"聚民意和集民智"的作用难以发挥出来②。此外,这类研究聚焦于化解基层矛盾,促进多元协商,即关注县级融媒体如何能够通过有效的舆论引导实现其解压阀功能③。

第二类是围绕政务、服务等业务范畴的研究,即探讨县级融媒体平台的相关功能设计如何实现对基层治理的赋能。总体而言,需要多元主体协同,即一方面需要协同各相关部门、机构实现政务、服务等业务范畴的拓展,另一方面通过上述业务范畴的拓展推进民主协商和公共参与,实现多元主体协同治理④。这是一个将媒体转化为平台的过程,其基本逻辑是县级融媒体作为中介者嵌入基层治理体系,重塑治理理念和职能⑤。

第三类是针对个案或多案例的研究。此类研究一般聚焦于相关实践较为充分、体制机制创新空间较大的突出案例,例如浙江省长兴县融媒体中心、安吉县融媒体中心等,对这些融媒体中心的研究能够为不同地区的实践提供一定的经验参照,但因为不同地区各项基础条件不同,使得个案的辐射价值以及可参照性不一,既有研究对局部案例与全国整体实践的关系尤其是普遍性问题如何突围的探讨还需要进一步深入。

目前,在社会治理数字化转型背景下研究县级融媒体平台的文献不太多,如卜宇和丁和根所说:"不少文章在论述媒体参与社会治理的角色时,其要旨仍然只是停留在强调传统大众传播语境中媒体的新闻报道、舆论引导或舆论监督等传统角色和功能层面,而对媒体在基层社会治理过程中所能发挥的独特作用则揭示不够。"⑥既有研究归纳而言主要是从新技术应用、平台功能以及公众参与互动这三个方面展开。这些研究指出,县级融媒体平台既是实施公共服务的线上入口,也是政府和公众就公共服务话题进行互动、交流的新型平台。作为"治国理政的新平台",县级融媒体可协同县域政府的各委办局,在信

---

① 滕朋.社会治理、传播空间与县级融媒体中心建设路径[J].当代传播,2019(2).
② 谢新洲,石林.嵌入基层治理:县级融媒体中心与基层网络政务服务的融合发展[J].传媒,2021(4).
③ 黄楚新,曹予曦.县级融媒体中心建设 助力基层治理水平提升[J].传媒,2019(12).
④ 常凌翀.嵌入与重构:县级融媒体中心赋能基层治理的生成逻辑、功能转向与时间进路[J].中国出版,2022(12).
⑤ 钟瑛,朱雪.县级融媒体平台化对提升基层治理现代化的作用和路径[J].东岳论丛,2022(4).
⑥ 卜宇,丁和根.县级融媒体中心建设全国坐标与江苏经验[M].南京:南京大学出版社,2022:61.

息生产和分发的同时,利用大数据、人工智能等媒介技术,聚合与运营所在区域的公共服务①。而相比在其他媒体平台需要长期发酵才能发现、解决社会问题,作为基层媒体互动平台的县级融媒体是本地听取民情民意、反映民生问题最快速、便捷的途径,能够更好地实现基本公共服务均等化②。

上述研究更多的是将"基层治理"作为县级融媒体中心的实践原则被提出和强调,这类研究多在宏观层面展开,但比较缺乏对具体路径的中微观研究。而个案研究虽能够提供较为深入、微观的典型经验分析,但是难以呈现不同区域的多样性与复杂性。因此,本书试图以不同区域的实践为基础,进一步推进对县级融媒体平台参与社会治理的系统性研究。

第三节　研究问题与研究方法

基于前述对政策、实践以及相关研究的整理和分析,本书研究的主要问题可以归纳为:作为新型数字化平台,县级融媒体平台是如何参与基层治理的?它可能解决其他数字化治理平台难以解决的哪些治理问题?它的参与对当下与未来的基层治理有什么意义?本书的核心研究对象是县级融媒体中心自主可控的 App 平台,同时也涉及以 App 为核心的广播、电视、报纸、微信、微博、抖音等所有传统媒体与新媒体账号平台所构成的平台矩阵。

"平台"是一个多学科研究的概念范畴,不同学科领域所关注的对象及其问题意识并不相同。即使在同一个学科领域内部,不同研究路径、研究取向的观察与分析也不同。近年来,学界对基层治理平台的研究主要集中于各类党建、政务平台、商业平台等,其中也包括线下平台。而在新闻传播领域,按照张志安和曾励的归纳,对平台的理解主要可分为"媒体平台"和"平台媒体"③。近年来,随着传统媒体的式微、技术的迭代以及市场的扩张,新闻传播学界对平台的研究逐渐增多。如蔡润芳所说:"媒介研究学者主要从三个方面来研究平台:首先,关注技术与民主问题的主流传播学研究;然后,关注平台数字参与式文化实践的数字文化研究;最后,也是最突出的是关注数字生产方式与平台权

---

① 宋建武,乔羽. 建设县级融媒体中心　打造治国理政新平台[J]. 新闻战线,2018(12).
② 朱春阳. 县级融媒体中心建设:经验坐标、发展机遇与路径创新[J]. 新闻界,2018(9).
③ 张志安,曾励. 媒体融合再观察:媒体平台化和平台媒体化[J]. 新闻与写作,2018(8).

力不对等的媒介政治经济学研究。"①这三个方面的研究都会涉及"平台"与"治理"的关系,但多为对平台本身治理的研究。此外,从当下的复杂实践来看,"媒体平台"和"平台媒体"的划分已不足以涵盖所有的实践类型,县级融媒体平台无法简单地归入二者之一,它是一个复杂的集合体概念,既融合了报纸、广电等传统媒体,也融合了基于互联网的各类新媒体,一定程度地具有媒体平台的特征。但它除了内容生产以外,还提供政务、服务、商务等超出传统意义上"媒体"范畴的功能,并且它们并非简单地各司其职,而是协同发挥治理功能。因此,对县级融媒平台的治理研究需要突破"媒体平台"和"平台媒体"二元框架。

本书的研究主要基于2019年8月以来对全国不同区域县级融媒体中心的田野调查,田野笔记逾百万字,并在此基础上已出版相关调研报告、学术论文等,这些前期工作不仅提供了较为丰富的样本,而且为本书的系统性写作提供了结构性认知,并为分析整体与局部的关系、共性与差异的关系提供了比较充分的支撑。不过,需要说明的是,在写作本书的同时,县级融媒体中心的实践也在不断变化,而写作和出版都有一定的周期,因此,成稿对实践的呈现和分析难免会有一定的滞后性,需要通过未来持续的研究不断更新观察与思考。

一、课题组对上海区级融媒体中心的田野调查

课题组于2019年8月至2020年1月对上海全部16个区级融媒体中心(见表1-1)做了第一轮田野调查,并在此基础上出版了蓝皮书《上海区级融媒体中心建设发展调研报告(2019—2020年)》(上海社会科学院出版社2020年12月出版)。2021年8月至11月,课题组再次对上海区级融媒体中心开展田野调查,并在此后始终保持对各区级融媒体中心的追踪观察,对其中部分融媒体中心进行了多轮深度调研。第一轮田野调查主要是考察区级融媒体中心建设之初的整体情况,一年之后开展第二轮调研的原因有两方面:一方面,从内部来看,2020年底县级融媒体中心已基本完成全国覆盖,从"建强"的阶段陆续进入"用好"的阶段,上海也不例外。不同阶段的重点与难点都会有变化,需要追踪研究。另一方面,从外部来看,这两年国家和地方的发展也在不断发生变化,这些发展与各区级融媒体中心之间的互相作用也会深刻地影响区级融媒

---

① 蔡润芳."围墙花园"之困:论平台媒介的"二重性"及其范式演进[J]新闻大学.2021(7):78.

体中心的发展,需要更新与补充。因此,第二轮田野调查在更新各区级融媒体中心自身建设发展整体情况的同时,调研主题更加聚焦于它们参与基层治理的思路与实践。在上述田野调查的基础上,作者团队完成了论文《基层公共服务精准供给:区级融媒体中心建设路径研究——以上海实践为例》(发表于《现代传播》2020年9月)。该文通过分析认为,上海区级融媒体平台突破了一般意义上的"媒体"概念,通过"新闻＋政务＋服务"的内容架构将自身深度融合进城市的精细化管理过程,为精准落实公平、可及的基层公共服务提供了由内而外的可能性。

表1-1　　上海16个区级融媒体中心列表

编号	区级融媒体中心名称
1	长宁区融媒体中心
2	虹口区融媒体中心
3	嘉定区融媒体中心
4	黄浦区融媒体中心
5	金山区融媒体中心
6	松江区融媒体中心
7	杨浦区融媒体中心
8	徐汇区融媒体中心
9	青浦区融媒体中心
10	普陀区融媒体中心
11	闵行区融媒体中心
12	奉贤区融媒体中心
13	宝山区融媒体中心
14	静安区融媒体中心
15	崇明区融媒体中心
16	浦东新区融媒体中心

二、课题组对全国其他省份县级融媒体中心的田野调查

课题组在对上海区级融媒体中心进行田野调查的基础上,从2021年开始扩展到了全国其他省份,一方面希望通过扩展调研尽可能地了解全国实践的整体面貌及其中的差异性,避免将复杂的问题简单化;另一方面也希望通过对不同区域的扩展调研能够彼此形成对话,从而在比较的视野中加深对问题的

认知以及对不同要素和变量的评估。

截至 2024 年 7 月,除上海以外,课题组已经完成全国 23 个省份 26 家县级融媒体中心的田野调查(见表 1-2,其中部分调研是本课题组与苏州大学团队合作完成的),这 26 家县级融媒体中心分布区域比较分散,覆盖了全国三分之二的省份,具有一定的广泛性。课题组将全国分为东、西、南、北、中五大区域并开展抽样,计划从每个省份选择一两家县级融媒体中心开展田野调查(目前已完成列表上的 26 家,后续将开展其他省份以及各区域更多样本的调研)。课题组主要依据"获得国家与省市各类表彰""入选国家及省市典型案例""已有特色经验或模式输出"等指标来选择样本,之所以选择这些样本作为主要研究对象是因为它们的实践相对更为充分,但也可能对一些困难与问题呈现不足。另外,在课题组最初选定的样本中,因为种种原因,个别县级融媒体中心无法实现调研,所以最终实现调研的这 26 个样本是在同省范围内做了个别调整的结果。不过,课题组的调研仍在继续,未来也会根据后续调研在研究中做一些必要的补充和调整。

表 1-2　　全国其他省份县级融媒体中心列表

编号	县级融媒体中心名称
1	浙江省长兴县融媒体中心(长兴传媒集团)
2	江苏省昆山市融媒体中心
3	福建省尤溪县融媒体中心
4	山东省宁津县融媒体中心
5	河北省雄县融媒体中心
6	河南省项城市融媒体中心
7	四川省仁寿县融媒体中心
8	重庆市渝中区融媒体中心
9	湖南省浏阳市融媒体中心
10	浙江省安吉县融媒体中心(安吉新闻集团)
11	江西省共青城市融媒体中心
12	甘肃省玉门市融媒体中心
13	云南省富源县融媒体中心
14	江苏省溧阳市融媒体中心
15	新疆维吾尔自治区伊宁市融媒体中心
16	贵州省石阡县融媒体中心
17	内蒙古自治区鄂尔多斯市东胜区融媒体中心

续表

编号	县级融媒体中心名称
18	天津市东丽区融媒体中心
19	陕西省蓝田县融媒体中心
20	吉林省东辽县融媒体中心
21	广东省广州市增城区融媒体中心
22	海南省文昌市融媒体中心
23	山西省上党区融媒体中心
24	北京市经开区融媒体中心
25	天津市宁河区融媒体中心
26	河北省容城县融媒体中心

三、研究方法与全书结构

本书主要是在调研前述共计 42 家县级融媒体中心的基础上写作而成的，采用的研究方法是质性研究中的半结构化访谈（semi-structured interviews）与深描（thick description）。具体而言，前者是针对各融媒体中心主要负责人、相关部门负责人及一线员工进行访谈，此外，还包括对部分省级技术平台相关负责人的访谈；后者则是在近年来置身田野的情境中对县级融媒体中心生态环境与行为方式进行深度描述与阐释。此外，也会结合一些其他地区的县级融媒体实践案例补充和丰富相关论述。

本书主体内容分为五章，第一章为绪论，交代本书的写作背景、相关文献综述以及研究问题和研究方法；第二章研究县级融媒体平台参与社会治理的现实基础，主要包括"媒介化治理平台的特性""事业属性与有限的商业化""公共服务的数字化基础与可开发资源"三个部分；第三章研究县级融媒体平台参与社会治理的形式，主要包括"常态下县级融媒体平台的公共服务""应急状态下县级融媒体平台公共服务的形式"两个部分；第四章研究县级融媒体平台参与社会治理的机制，主要包括"纵向三级主体支持的内容生产机制""县级融媒体平台横向协同多元主体的服务机制""县级融媒体平台应急服务机制"三个部分；第五章研究县级融媒体平台参与社会治理的结构转型，主要包括"普遍的结构性制约""结构性破解的空间与可能的路径"两个部分。

第二章　县级融媒体平台参与社会治理的现实基础

第一节　媒介化治理平台的特性

从近年来的整体发展思路看,国家对将县级融媒体中心建设成"从单纯的新闻宣传向公共服务领域拓展的机构"的要求实际上是内在于创新社会治理模式、推动公共服务供给侧改革核心命题的,该要求包含了两层意思:第一层是这个新型机构不同于传统媒体机构,对其原有职能有所突破,拓展了业务边界;第二层意思是这个公共服务机构也不同于其他公共服务机构,它仍然带有媒介属性,需要探索该属性如何与公共服务职能有机地结合在一起。归纳而言,县级融媒体中心是国家基于媒介化治理构想和诉求的产物,旨在通过基层媒体机构的创新改革达成对基层治理的实质赋能。

一、媒介化治理平台的双重属性

在调研中,许多县级融媒体中心的负责人都明确向课题组表示"新闻宣传是县级融媒体中心的主责主业",这个说法既对也不完全对。虽然进行了融媒改革,无论是从组织架构还是业务职能较过去都发生了不小的变化,但县级融媒体中心仍然首先是一个媒体机构,对于媒体机构来说,新闻宣传当然是其主责主业。不过,相比传统媒体而言,县级融媒体中心是将电视、广播、报纸与互联网融合在一起的新型媒体机构,其"新型"之处不仅仅表现为新闻宣传内容的全媒体生产,还在于其主责主业的拓展——如《县级融媒体中心建设规范》所述"向公共服务领域拓展"。值得一提的是,这里的政策表述是"拓展"而不是"转变",二者的区别在于前者是"做加法",而后者是"做减法"。因此,如果仅仅将"新闻宣传"作为县级融媒体中心的主责主业，实际上是对这一国家战略理解不足。

如宋建武和乔羽所说："县级融媒体中心的基本功能是县域主流舆论阵地，但在互联网环境下，这一功能的发挥，需要依托党和政府的执政优势，聚合所在区域各种社会资源，为人民群众提供综合服务。因此，县级融媒体中心建设不能简单地整合县域各类媒体机构，也不能只依靠孤立的'中央厨房'建设。想要完成使新型主流媒体与服务对象在互联网上建立密切联系的任务，必须以用户为中心，广泛聚合和有效运营各类本土资源，既要打通与县域党委和政府各级组织各个部门的联系，也要打通其与本土各类企事业单位的联系，通过各项垂直应用的渗透和各类便民惠民服务的聚合，盘活县域社会资源，构建起能够运用海量的用户数据、精准的用户画像、丰富的生活服务项目与有引导力的内容资讯，为所在区域人民群众提供一站式综合服务的互联网端口。"[1]基于此，县级融媒体平台应当具有"新闻宣传"与"公共服务"的双重属性。

（一）新闻宣传与政务服务商务相互融合

如前所述，"从单纯的新闻宣传向公共服务领域拓展"意味着"做加法"，即"新闻＋政务服务商务"，但如果二者只是相加，还不足以使得县级融媒体平台拥有实践上的独特意义。二者要相互融合、发生"化学反应"，为基层治理提供新的可能性，这才是县级融媒体中心建设的意义所在。即如栾轶玫所说："以服务功能来带动信息传播，以服务功能来重获关注，从而提升宣传效果，实现主动协同，提升基层媒体传播力与社会治理水平。"[2]

作为基层的媒体机构，县级融媒体中心的优势是与广阔的基层社会接近，从"引导群众、服务群众"的目标来看，其核心使命就是将基层社会急难愁盼的问题通过内容生产呈现出来，同时能够为解决各类问题的各相关主体提供联系与协商的平台。具体来说，即"通过为公众提供公共服务来吸引受众，重获关注，将县域受众的目光重新聚集在基层媒体上来，以此加强基层媒体的传播力与舆论引导力。这些公共服务功能是县域融媒体的优势所在，通过公共服务收获县域受众的关注与黏性，使得人们主动协同参与到社会治理中来，同时通过县级融媒体公信力的进一步构建，实现县域媒体传播力与舆论引导力的

---

[1] 宋建武，乔羽.建设县级融媒体中心　打造治国理政新平台[J].新闻战线，2018(2):69.
[2] 栾轶玫.信息传播与公共服务:县级融媒体中心建设的"双融合"[J].视听界，2018(9):38.

提升,加强基层媒体的宣传与舆论引导功能。"①要想达成这样的效果,一方面,需要县级融媒体中心不断地下沉到乡镇、街道与居村,了解、挖掘和回应广大基层社会的真问题;另一方面,需要县级融媒体中心与政府、企业等多元主体建立广泛的合作关系,共同搭建基于县级融媒体平台的基层治理系统。

作为县级融媒体众多平台之一的广播就是上述二者融合的典型。在课题组调研的诸多区域,广播都在基层社会尤其是广大的乡村地区扮演了不可取代的角色。一方面,囿于互联网设备接入及使用能力等方面的局限,广播成为乡村地区老年群体获取信息的主要渠道;另一方面,也正因为主要服务受困于数字鸿沟的群体,这些群体在今天以互联网为核心、以城市为主要场景的传播格局中处于相对边缘的地带,由此,广播传播体现出显著的公共服务属性。例如:上海市青浦区融媒体中心在其重固镇分中心推出了微广播项目,"覆盖镇里所有居村,让每个人都能收听到融媒体中心制作的资讯。……由于该农村区域老年人居多,他们对新媒体的熟悉和使用比较有限,所以青浦区融媒体中心特聘8位沪语广播员,自办沪语、重固话的广播节目。"②新疆维吾尔自治区伊宁市融媒体中心则保留了维吾尔语农村广播,"开办自办栏目20个,日播出量达5小时……农村'大喇叭'开设《律师来帮忙》民法典的系列双语节目、《乡村振兴》节目邀请伊宁市农业农村局技术员为广大农牧民朋友讲解科技种植养殖的知识等。"③

除了常态化的广播服务以外,应急广播服务也是二者相互融合的范例。例如在新冠疫情防控期间,许多地方利用了应急广播体系向广大乡村地区传递疫情动态、防疫知识等信息,并提供各类应急服务,充分发挥了其贴近群众、直通基层的优势。

(二) 融合双重属性的平台交互性

县级融媒体中心核心平台 App 是基于数字互联网技术搭建和传播的平台,它所具有的交互性能够将新闻宣传与公共服务很好地融合在一起。虽然各地县级融媒体 App 架构存在差异,但总体来看,其交互性主要表现在 App

---

① 栾轶玫.信息传播与公共服务:县级融媒体中心建设的"双融合"[J].视听界,2018(9):39.
② 石力月.上海区级融媒体中心建设发展调研报告(2019—2020 年)[M].上海:上海社会科学院出版社,2020:148.
③ 陈一,石力月.全国县级融媒体中心发展调研报告 2021—2022[M].北京:中国社会科学出版社,2022:194-199.

平台的两种功能形式上：一是网络社区/论坛，二是直播互动。如滕朋所说："公共服务的概念不是政府单向给公众提供的公共产品。……公众参与和公共服务的多元互动既能够增进公共服务的针对性和有效性，也能够改进公共服务的质量。县级融媒体中心建设不仅是技术层面接入公共服务的端口，更重要的是公众能够通过融媒体平台评价、评判公共服务的质量与水准。县级融媒体中心建设既是实施公共服务的入口，同时也是政府和公众就公共服务话题进行互动、交流的平台。"①

首先，县级融媒体 App 上的网络社区/论坛主题多样，一般都有明确基于公共服务的设计，例如：设置专门的入口和板块，通过互动形式帮助公众解决各类问题，而这种功能的背后都有县级融媒体中心与各委办局的合作，打通意见流动渠道、建立协同联动机制，达成"反映问题—流转问题—解决问题"的闭环结果。此外，也会有一些与商业平台类似的内容，其中不乏生活化的消费消遣主题，但与商业平台不同的是，这些主题一般没有变现诉求，也鲜有引入商家进行互动，其基本形式和目的主要是公众之间的信息交换与休闲娱乐。

其次，全国不少县级融媒体中心都在 App 上开通了直播互动，它主要分为两种形式，一种是直播带货，另一种是问政咨询类的直播互动。直播带货是一种近年来在其他商业平台上常见的互动形式，但与商业平台不同的是，县级融媒体平台上的直播带货往往不以营利为目的，尽管也是诉诸用户的购买行为，但目的往往或是帮助宣传特色产品、带动地方特色产业发展，或是针对本地农户或者对口援助地区扶贫帮困，帮助农产品疏通销售、减少农户损失等，所以具有显著的公共服务属性。在这种直播过程中，平台不收取服务费用，而选择在该平台进行购买的用户也往往看重平台公信力所带来的品质保证。因此，尽管从形式上看有相似之处，但县级融媒体平台的直播带货与其他商业平台的直播带货性质上有根本的不同。

问政咨询类直播互动也是许多县级融媒体 App 的典型功能，它主要是以视频或音频节目的形式，邀请县域主要负责人及各委办局领导（问政类节目）和各领域专家等（咨询类节目）与公众进行互动，就公众关心和咨询的各类问题现场给出答复。这些节目所聚焦的主题往往是与公众日常生活和切身利益紧密关联的急难愁盼问题，因此，县级融媒体平台在其中扮演了中介角色，为双方的直接沟通搭建桥梁。这种中介过程是"社会行动者采用/挪用媒介，通

---

① 滕朋.社会治理、传播空间与县级融媒体中心建设路径[J].当代传播，2019(2)：49.

过有别于其他结构性要求或行动者意愿的'媒介逻辑',展开其行动和互动,包括对传播内容和形式的裁剪与组合,从而生成'媒介嵌入日常生活的广泛的后果'。"[1]由此可以看出,问政咨询类直播互动也是一种典型的公共服务。

县级融媒体平台的交互性成为与其他社会治理平台的显著区别之一,这在上海的实践中表现得尤为明显。"随申办"App 是上海"一网通办"移动端政务服务平台,也是智慧城市的总入口。近几年来,它不但几乎已将市区两级主要的政务服务一网打尽,而且还在不断下沉。根据顶层设计的部署,它已成为多项服务的唯一提供平台,极大地增强了用户黏性,反过来,强大的用户黏性会使得更多的服务聚合到该平台,从而形成了互相加强的格局。也正因为如此,在课题组调研时,不少区级融媒体中心负责人都感叹,如今"随申办"App已经强大到区级融媒体平台想要提供差异化的基层服务"几乎无路可走了"。就课题组调研的不同区域来看,这种情形在上海最为突出,即使北京、天津等同为直辖市的城市也没有出现类似的情况。其原因在于:一方面,其他区域一网通办的覆盖和发达程度普遍不及上海;另一方面,在县级融媒体中心建设之前,不少地区县级层面所提供的线上公共服务比较有限,客观上反而为后来建设的县级融媒体平台提供了不少空间和机遇。从这个意义上来说,上海区级融媒体平台所面临的情形对全国其他区域的参考性在于,它提出了一个根本性的命题,即县级融媒体平台究竟应该以什么形式提供怎样的公共服务?相比其他数字化治理平台,县级融媒体平台的差异性与独特性究竟如何体现?

然而就上海来说,尽管"随申办"App 具有高度覆盖基层的服务能力,但它的服务形式几乎是非交互式的,其基本逻辑和运行方式是将一些原本线下分散的服务进行线上化以及集成化,以实现"群众少跑腿,数据多跑路"。而上海各区融媒体 App 基本开辟了网络社区供公众参与、交互,也通过这样的形式能够实现一些"随申办"App 无法实现的服务,形成补充的同时也凸显独特性。二者之间的差异不仅是功能形式上的差异,也是治理定位及理念上的差异。

二、基层服务的无限分解与精准化

如前所述,对于上海来说,正因为市级平台的服务覆盖性很强,所以倒逼

---

[1] 转引自闫文捷,潘忠党,吴红雨. 媒介化治理——电视问政个案的比较分析[J]新闻与传播研究,2020(11):43.

区级融媒体平台只有不断地将基层服务分解、细化，这样才有可能形成一定的差异化，为自己开辟一些发展空间。例如：在课题组的调研中，不少区级融媒体中心相关负责人表示希望能和区内医院合作，将挂号、缴费等服务接入自身平台，但在实践中他们发现与三甲医院合作的难度较大，因为三甲医院往往都已有专门的线上服务平台并且其功能便捷强大，对于它们来说没有与区级融媒体中心合作的基础和需求。因此，区级融媒体中心就想办法与区内部分二级医院和社区医院等医疗机构合作，探索开发各类合作方式，将部分医院的预约、挂号等功能直接接入区级融媒体平台，一方面，在区级融媒体中心建设以前，相对基层的医院网络求医问诊渠道普遍没有建立起来，或者功能有限，接入区级融媒体平台能够使得它们不但省去自建渠道的麻烦，而且功能及使用体验得到了优化，更加便民；另一方面，也满足了那些小病或者慢性病患者寻医问药的需求，做到了公共服务的精准化。

而与市辖"区"不同的是，"县"相对独立，上级服务平台往往或下沉有限，或功能有限，这在客观上为县级融媒体平台留下了不少创新探索基层服务的空间。例如：山东省宁津县融媒体中心"智慧宁津"App 平台与第三方公司合作开发接入了"智慧村务运行系统"，村民可随时在平台上查询并监督村务公开情况，从而实现"账目进手机、公开无期限、举报随时可点击"的功能。河南省项城市融媒体中心则在掌握全市大数据的基础上，推动建设了"智慧扶贫大数据平台""智慧农村改厕大数据平台"等。前者是"依托扶贫干部在走访贫困户时，拍摄图片、视频，并将素材上传到平台，以实现数据收集，这同时也是对相关工作人员的监督。"[1]后者则由融媒体中心记者参与，拍摄从规划、设计到施工、完成的相关影像数据，使得村民在移动端就能查看每村、每户改厕情况。这些因地制宜于"最后一公里"处开发的功能极大地体现了县级平台的独特意义，将县级融媒体中心向下开掘的空间不断拓展。

当然，对于县级融媒体平台来说，要想实现这种基层服务的无限分解与细化，技术支持与各主体资源集成是必要前提，其中主要包括"感应""反应"和"响应"三个部分。首先是"感应"，即县级融媒体平台如何感知公众对公共服务的需求。传统的公共服务多是单向度且自上而下的，因而往往存在供给与需求的偏差，而县级融媒体平台可以通过数字化手段实现公共服务供需双方

---

[1] 陈一，石力月.全国县级融媒体中心发展调研报告 2021—2022[M].北京：中国社会科学出版社，2022：58-59.

多样化的交互,使得服务供应方明晰公众的需求清单,从而提升服务的精准度。其次是"反应",即县级融媒体平台如何甄别与分析公众的需求。这个环节既需要一些技术手段包括人工智能的应用,也需要平台与多元相关主体线上线下的配合联动。最后是"响应",即在甄别与分析的基础上回应合理需求。这个环节是后台处理前台呈现的过程,而呈现方式也是多样化的。这三个环节所构成的闭环不是一次性的,而是循环往复的,这需要平台具有处理海量信息的能力。

然而,课题组在调研中了解到,全国县级融媒体中心的技术力量普遍偏弱,这主要受制于两方面:首先是资金方面,技术力量的提升需要软硬件的持续投入、维护与更新,这些都需要足够的资金支持,但县级融媒体中心普遍资金有限(目前"造血"能力也普遍比较有限),这成为制约其技术力量提升的首要原因;其次是人才方面,这与资金也有一定的关系,因为专业水平较高的技术人才通常不会选择来县级融媒体中心工作,因为后者既难以提供有市场竞争力的薪酬,也难以提供高水平技术人才发展所需的工作平台和团队。所以即使服务方向和路径明晰,县级融媒体中心往往也可能受制于技术和人力实现程度有限。就课题组目前的调研情况来看,技术力量较强的县级融媒体中心往往服务能力也相对较强,前者不是后者的唯一决定因素,却是不可或缺的因素。不过从前述部分案例的实践来看,这个问题可以通过与第三方技术公司或者省级技术平台合作得到一定的解决,因此真正的难点与核心仍然在于县级融媒体平台如何与多元主体建立有效的合作关系,实现基层服务资源的整合、利用及方式的创新。

第二节 事业单位属性与有限的商业化

一、多样化的体制机制与经营的非逐利化

从课题组的调研来看,县级融媒体中心建设虽然是一个全国性的战略任务,但各地的实践差异很大,首先表现在体制机制层面。无论从中心的建设动因还是组建方式上来讲,县级融媒体中心都与商业化的媒体机构有根本的不同,尽管前者不同程度地也包含一些商业因素。目前,全国绝大多数县级融媒体中心都是事业单位性质,在课题组目前所有的调研对象中,仅有北京市经开

区融媒体中心由事业单位整体转制为企业,这与其所在经济开发区不同于行政区的特殊性相关,其余调研过的县级融媒体中心均为事业单位。不过,这些事业单位的内部也有一些差异:有的中心定为公益一类事业单位,即由政府全额拨款,有的中心则定为公益二类事业单位,即由政府差额拨款。前者不能进行营利活动,而后者能够开展一些经营活动获得利润,不过不同地区的融媒体中心经营收入的支配程度和支配方式也不一样。

例如:在浙江省,一方面,课题组调研过的县级融媒体中心不仅均为公益二类事业单位,而且政府拨款的比重很少甚至没有,因此对经营的要求就比较高;另一方面,虽然拨款比重很少,但政府对县级融媒体中心给予的各类资源比较多,从政策上给予的自主创新空间比较大。由于体制机制相对灵活,也因为整个省域营商环境相对成熟和活跃,所以经营收入可供县级融媒体中心自己支配的比重较高。此外,浙江省的县级融媒体中心还以"一个班子,两块牌子"的方式来处理事业单位与企业化经营之间的关系,即在事业性的县级融媒体中心基础上组建经营性的传媒集团,如长兴县与安吉县两地,均成立了传媒(新闻)集团,全面开展企业化运营。

不过目前调研下来,课题组发现,各个区域直接成立传媒集团的县级融媒体中心不多,但全额拨款的县级融媒体中心也不多,多数县级融媒体中心不同程度地开展了各种形式的经营,部分营收状况比较好,达成了强有力的"造血"效应,例如河南省项城市融媒体中心、四川省仁寿县融媒体中心、湖南省浏阳市融媒体中心等。尽管经营的方式不一样,但它们的共性是都突破了传统媒体依靠广告业务和承接各委办局任务/活动获得收入的模式,拓展了产业链,建立了线上线下互动、产业活动、技术增值服务等多元营收模式。然而,从全国整体来看,能够做到这种程度的县级融媒体中心还不多,如陈国权所说:"即使实行企业化管理,大部分县级媒体也只能依靠政务、购买服务或者活动经营来实现,赚的也都是政府的钱。"[①]无论采取哪种模式,"经营"对县级融媒体中心的意义与企业不同,后者的目标是利润最大化,但就前者的各项职能来说,获利的主要意义是能够使得县级融媒体中心实现内部的"交叉补贴",从而更好地支撑公共服务的达成。因此,确如陈国权所说:"县级媒体实行企业化管理切忌一刀切,应因地制宜。采用公益事业单位的性质更符合县级媒体实际,当然,对于有条件的县,也可以实行企业化管理,但要实行严格意义上的事业

---

① 陈国权.中国县级融媒体中心改革发展报告[J].现代传播,2019(4):19.

企业'两分开'。"①

值得一提的是,在调研过程中,关于如何看待经营问题及其对整体运营的影响,不同的县级融媒体中心主要表达了两种不同的看法。一种看法认为开展经营活动对中心的发展来说是好事,能够突破有限的政府拨款对中心生产带来的限制;另一种看法则认为开展经营活动是"双刃剑"——有增加营收的机会也会带来经营的压力。与那些相对独立的县域不同的是,城市各区"紧密相连",所以区级融媒体中心能够经营的地理空间与业务范围都非常有限,这与"每县独此一家"的县级融媒体中心所面对的市场格局是完全不同的。而浙江省长兴县融媒体中心与安吉县融媒体中心那种能够获得全县大量独家可经营资源的局面,对于其他地区来说更是难以复制的。此外,市场、人才、经验、渠道等要素的普遍缺乏也都构成了县级融媒体中心经营上的压力,这些方面的掣肘在全国不同地区都有所表现。

这些掣肘所造成的突出困境具体表现在:一方面,囿于经营压力,一些县级融媒体中心在与其他机构主体合作时需要考虑收取费用的问题,但相关合作的政府部门、事业单位、社区街道等常常缺乏相应的款项预算,对开展进一步合作有所影响;另一方面,一些县级融媒体中心人员数量及其精力有限,如果背负较重的变现和创收压力,员工可能难以安心于内容生产与服务供给,不利于中心的可持续发展。因此,如何优化各项业务开展的方式,以"平台搭建"的思路进行创收,将专业技术人员从经营中解放出来,是处境相似的县级融媒体中心需要思考的问题。基于此,有的县级融媒体中心负责人坦言,财政全额拨款能够让他们集中精力做内容和服务,不用考虑挣钱的事。

从这个意义上来说,对体制机制的分析与评价不能简单地一概而论,尤其对经营的问题需要充分地情境化,其中的复杂性与特殊性需要被充分认识和考量,尤其是不能简单地将"事业/企业""拨款/营利"二元对立,全国不同的地域、不同的环境以及不同的融媒体中心情况各异,郭全中认为:"基于我国县级行政区的发展现状,可以按照GDP、财力、传媒市场规模、用户规模等把县级行政区分为发达、较为发达和欠发达三类,县级融媒体中心也对应其所在的县级行政区分为发达、较为发达和欠发达三类。对于发达地区、欠发达地区的县级融媒体中心,应该根据其特点采取不同的发展路径,不同发展路径的根本区别

---

① 陈国权.中国县级融媒体中心改革发展报告[J].现代传播,2019(4):19.

就是财政资金的支持力度、市场化程度。"①不过,从课题组对不同地区的调研来看,情况更为复杂,县级融媒体中心的体制机制、发展程度并不一定与当地的发达程度正相关——部分发达地区的县级融媒体中心发展有限,而部分欠发达地区县级融媒体中心的发展反而亮眼。归根结底,体制机制既要与实际情况相适应,也需要根据实际情况的变化而改革。全额拨款的事业单位体制不一定如部分研究认为的那样对县级融媒体中心的发展只是束缚,也有可能具有一定的保护性,经营也未必是"灵丹妙药",它既可能受限于一些客观条件,也可能对县级融媒体中心的运营形成某种压力。

当然,从当下的整体状况和未来的发展趋势来看,完全依靠政府拨款来支撑县级融媒体中心的长期运转是很困难的。因此,县级融媒体中心需要解决的核心问题是,如何能够持续有效地"造血",同时,不仅能够使得"造血"压力不会压缩公共服务的空间,反而能够更好地用于融媒体中心的再生产,从而有效地反哺并拓展公共服务,这是摆在全国所有县级融媒体中心面前的共同课题,需要体制机制的不断创新和优化。

在课题组调研的对象中,上海的区级融媒体中心经营空间最为有限,主要表现为:一方面,它们大部分是公益一类事业单位,政府全额拨款;另一方面,部分差额拨款的区级融媒体中心其营收需要严格遵守"收支两条线"的规定,并且所获收益仅能用于中心业务拓展及办公用品日常支出等方面,不能直接用于中心员工绩效分配。不过,差额拨款的区级融媒体中心在有限的空间内开展的经营形式比较多样。例如:闵行区融媒体中心成立公司以后把创收任务"分配到户",即不同部门负责不同板块的创收,中心围绕几个工作室打造App的主题圈子,也让它们彼此之间能够互相引流。嘉定区融媒体中心成立的传媒公司则与中心内部的大型活动部经常共同开展活动策划,并将其执行落地。同时,传媒公司还要参与嘉定区融媒体中心的整体经营工作,承接大型活动、演艺项目及短视频拍摄、公众号运营、广告等文化服务,比如"嘉定慈善"的微信公众号运营及App内"嘉定慈善"栏目运营。此外,传媒公司还要对企业、社会人员进行媒体业务的相关培训,提供教育服务。

此外,在上海这16个区级融媒体中心中,还有一种情况比较普遍,即与区内企业开展合作。目前,合作主要有两种形式,一种是区级融媒体中心帮助区内企业做宣传。不过,它与商业广告是有区别的:一方面,这类宣传一般不收

---

① 郭全中."十四五"时期的县级融媒体怎么干[J].城市党报研究,2021(1):45.

取费用;另一方面,中心主要是配合区内一些重点工作或者活动主题帮助企业开展宣传,例如作为"汽车城"的嘉定区,其融媒体中心对车企以及汽车相关活动的宣传就属于这种情况。此外,区级融媒体中心也会策划一些与用户互动的活动,相关企业提供商品或服务作为互动奖品,提升用户的参与性和平台服务的覆盖面。

从上述各类实践可以看出,虽然有各类经营,也有与企业合作,但它们对于区级融媒体中心来说都是非逐利的。即使对于那些企业化运营程度较高的县级融媒体中心来说,也与追求利润最大化的企业不同,作为媒体机构的基本属性以及国家对县级融媒体中心公共服务的要求,都使得它们必须将社会效益放在首位。从这个意义上说,公共服务不等于非市场或者排斥市场,也有可能借助市场的力量更好地达成。

二、人员队伍结构与绩效评估体系的非经营化导向

由于事业单位的属性和经营的非逐利化,全国大多数县级融媒体中心的人员队伍总体结构以从事内容生产的专业技术人员为主,专门从事经营业务的人员相对较少,尤其是那些作为公益一类事业单位的县级融媒体中心,几乎没有专门的经营业务板块和专职人员,因为这类融媒体中心普遍没有经营压力,所以那些以内容生产为主的员工基本不需要背负基于经营效益而带来的指标压力。

这直接表现在人员绩效评估体系的非经营化取向,即绩效评估几乎不与经营业绩挂钩,而是以内容生产本身的数量和质量为主要依据。虽然具体方案各地不同,但总体来说,一般是将各岗位工作数量和质量折算成对应分值来确定最终绩效。以上海为例,有的区依托第三方机构进行专业打分,有的区则实行内部打分制。例如:截至课题组调研之日,杨浦区实行"计件制"的绩效考核方式;松江区是将每个部门上个周期任务的完成量,作为下个周期的任务基础量,部门与部门之间也有一定的考核差异,各部门的绩效由领导班子来定;宝山区则与大学相关院系师生团队合作设计评估模型,并通过大数据的手段对每一位记者和编辑的工作内容进行打分排名,然后再按照排名发放绩效;静安区的打分则运用了市委宣传部"政务新媒体影响力传播力平台"的后台数据对中心所有产品做数字化的评价。

此外,上海各区融媒体中心也有一些与绩效评估相挂钩的激励办法,例

如：不少中心内部会评选"好新闻"奖、设置"红榜"、重大活动中的专项奖励等，优秀作品会进一步选送市级、中央级媒体所设立的各类评选活动，中心会根据评选结果做出奖金奖励，以激励人员的积极性。不过，全额拨款的融媒体中心因为绩效空间有限，激励很难拉开差距，这在体制机制改革中也是一个普遍的难点。

根据课题组先后两次整体调研来看，上海各区级融媒体中心的绩效评估体系在几年间都经历了动态调整的过程。大多由最初主要依据员工在"两微"（即微信和微博）平台的工作和数据表现到如今渐渐加大对App传播效果的考察力度，这是由国家对县级融媒体中心建设自主可控的新型传播平台体系的任务要求所决定的。但从目前用户的实际使用情况来看，"两微"平台仍是其最重要的传播渠道，这既与用户的日常使用习惯有关，也与各中心基于App开发的内容和功能黏性比较有限有关，这在全国也是一个较为普遍的现象。然而，"两微"平台是以资讯内容生产为主的平台，能够承载和实现的各类服务功能有限，因此，App的作用目前还没有足够地发挥出来，与各中心对融合转型的认识理解、服务供给、平台开发和运维能力都有关系。

更复杂的情况在于，县级融媒体中心除了"两微一端"等多个新媒体平台以外，广播、电视、报纸等传统渠道目前仍需不少的人力和资金投入，其中，县级报纸在绝大多数地区已经没有了[①]，但是县级广播电视台普遍存在。然而对于课题组调研过的大多数县级融媒体中心来说，在绩效评估的"指挥棒"下，它们的生产并不纳入考评或不作为考评重点，因而出现了虽然工作量倍增但几乎不被认可的困境。

这种情况显然与国家建设县级融媒体中心的初衷有一定偏差，因此，绩效评估是需要根据中心建设和运营目标继续改革的，它看上去只是评价与分配的问题，但实际上也是内容建设与功能实现的问题。也就是说，在很大程度上，只有绩效评估体系按照"新闻宣传＋公共服务"的方向改革，才有可能扭转这种目标与实践的偏差。

因此，总结而言，县级融媒体中心体制机制的改革具有一定的复杂性：事业单位体制使它们能够获得一定的保护性，公共服务的目标易于树立，且具有不断开发的潜能。但各地财政拨款有差异，即使全额拨款，大部分融媒体中心也有不小的支出压力，对于公益二类事业单位来说这个问题更突出，除了浙江

---

① 有些地区虽然已取消公开发行的县级报纸，但以内部刊行、赠阅的方式继续保留。

等少数区域的县级融媒体中心营利能力较强以外,大部分县级融媒体中心往往不同程度地背负经营压力,因而其公共服务的推进普遍有限,加之绩效评估机制及转型程度也互为因果,这也使得公共服务的动力与空间比较有限。

三、基于基层治理系统内部的协同

从课题组的调研情况来看,目前全国部分地区县级融媒体中心在村(街)镇设立融媒体分中心①或建立了通讯员队伍,它们点面结合,共同构成了以县级融媒体中心为核心的基层协同网络,为其有效地参与基层治理提供了结构基础。

课题组调研过的县级融媒体中心情况各异。山东省宁津县融媒体中心既建立了融媒体分中心,也建立了通讯员队伍。它在县域内柴胡店镇、津城街道、大曹镇和宁城街道分别设立了融媒体分中心,随后将全县各乡镇与多家单位的 80 余名通讯员纳入了省级技术平台"闪电云"管理系统,并为他们分别开设了采编账号,登录以后可直接在"闪电云"系统里发稿,省、市、县、乡通过这种方式能够实现四级传播联动。

与之类似的是福建省尤溪县融媒体中心,从全县各单位、各乡镇分批选定了 100 多名通讯员,并通过搭建专门的发稿平台、建立发稿奖励机制等方式提升通讯员参与报道的积极性。但与宁津县融媒体中心在省级技术平台上为通讯员开账号不同的是,尤溪县融媒体中心是在自己的"智慧尤溪"App 上为通讯员开通专用账号,从"快讯功能"入口进入专稿发布。

云南省富源县融媒体中心没有设立融媒体分中心,但中心的记者可以直接与各村镇党委班子中的宣传委员联系,辅助宣传委员开展基层采访工作,这里的宣传委员在某种意义上担任了通讯员的角色,他们共同构成了中心向下延展的联系网络。

新疆维吾尔自治区伊宁市融媒体中心则建立了 64 个通讯员单位,不过课题组在调研时了解到,这 64 个单位人员流动比较大,存在信息衔接不畅、上报信息数量不多、质量不高的问题。课题组在调研时,该融媒体中心表示未来计划在每个村(社区)建设"融媒小镇",但因为城市整体数字化基础比较薄弱,尚无法支撑全覆盖,所以目前中心的通讯员队伍主要集中选自基础设施条件较

---

① 不同地区的名称略有差异,此处以"融媒体分中心"作为统一指代。

好、人员有写作能力的乡镇街道和村社区。

而河南省项城市融媒体中心则将传统的通讯员角色又推进了一步,他们启动了"主播培训计划",不但组建了村(街)镇通讯员队伍,而且为他们提供统一培训,使其化身为在多个场景中能出镜、会讲解的主播,经过专业培训,他们能够根据融媒体中心所要求的选题进行视频拍摄,尤其能够满足目前移动媒体端的内容生产要求。专业技能的提升能够增强通讯员的自我认同,自我认同能够提升通讯员队伍的稳定性,而稳定的通讯员队伍能够充分支持融媒体中心的业务开展。

上海的区级融媒体中心也陆续开设村(街)镇融媒体分中心,最早主要是在青浦、嘉定等郊区设立,因为郊区面积相比中心城区更大,村镇相对更为分散,设立融媒体分中心有利于加强基层联系。但随着融媒体中心的纵深发展以及进一步下沉需求的不断增长,一些中心城区的融媒体中心也开始设立融媒体分中心。例如:普陀区融媒体中心实现了全区 10 个街道分中心的全覆盖,中心给每个街镇都安排了一名驻地记者,他们每周至少有两个半天是在街镇工作的。值得一提的是,驻地记者的工作任务不是单纯的采访,而是需要跟街镇的干部同进同出、一起工作,参加街镇的会议,了解街镇的情况,从而方便策划相关的选题。闵行区融媒体中心也有类似的设计,自 2021 年开始,其先后在区内 3 个街镇做了试点,成立了 3 个融媒体分中心。分中心的采编队伍由区级融媒体中心负责组建,因而能够以接近中心的水平与标准执行项目。他们基本上每周两天在融媒体中心工作,三天在分中心工作。不过课题组调研时,该区融媒体中心负责人表示,接下来会有一些调整:分中心的采编人员将以类似于条线记者的方式开展工作,专门跑对口的街镇,实现深耕。静安区融媒体中心则是在区内各个街镇设立融媒采编基地,围绕对应街镇特色及重点工作,推出一系列策划类报道和短视频产品,并建立了一支为街镇和融媒体中心提供各类信息与新闻报道服务的融媒信息员队伍。

从课题组的调研来看,目前县级融媒体中心的分中心主要分为两种形式:村(街)镇分中心和委办局分中心。前者居多,而后者出现较晚,是近年来由一些县级融媒体中心根据日常工作的需要逐步探索出来的下沉形式。这两种形式的融媒体分中心是县级融媒体中心事业单位属性的典型表征,它们是沿着国家基层治理体系建立的关系网络,这是其区别于市场化媒体和其他数字化治理平台的独特之处。

四、去边界的生产方式与相对灵活的生产机制

县级融媒体中心在内容生产上最核心的变革就是将各类传统媒体与新媒体平台的生产边界打破,在物理形态与生产方式上都实现融合。虽然在打破边界以后具体的组织方式上,各个县级融媒体中心有一定的差异,但总体上都是遵循"一次采集、多种生成、全媒传播"的原则来改革。这不仅对人员队伍的专业技能和整体素质提出了更高的要求——无论来自哪个平台,都需要向"移动优先"的方向转型,而且人员队伍结构和组织有了重新排列组合的可能。

全国不少地区的县级融媒体中心对原有生产架构中的"部门制"做出了不同程度的改革,最典型的改革形态就是中央厨房,但就县级融媒体中心的体量及其多项职能来说,在中央厨房的基础上尝试以"工作室""项目制"等灵活形式开展生产往往是更优选择。例如:山东省宁津县融媒体中心成立了不同主题的工作室,有围绕某一核心功能或者内容搭建的工作室,如"阳光问政"工作室,它目前打造了两个融媒品牌——"阳光问政"和"阳光政务热线"。工作室主要是通过"智慧宁津"App搭建起网络问政的平台,在线解决公众投诉事件、回复公众咨询提问等。也有鼓励公众参与内容生产的工作室,如"悦读者"工作室,它于2020年4月23日"世界读书日"成立,后来还联合县教育局、新华书店等单位,在全县中小学中设置了13个"悦读者"校园工作站,由全县师生进行音视频作品生产,发布在"智慧宁津"App的"悦读者"和"我型我秀"两个栏目。这不仅完全打破了传统媒体格局中由媒体单向度生产并传播内容的生产方式,而且这里作为生产者的公众也不等同于"产消者"(prosumer),"产消者通常泛指那些既能够通过参与生产服务活动来创造价值,又能够通过消费活动来享用价值的个人。"[①]虽然在上述活动中,公众既是内容生产者,也是内容的阅听者,但与产消者不同的是,县级融媒体平台上的内容资源无需通过付费得到,它是无差别地向所有人开放,这也是其公共服务的典型表征。

河南省项城市融媒体中心则设立了"融媒工作组"制度,融媒体中心的员工可以根据个人兴趣、业务专长、拥有资源等要素自由组合成为非固定的团队

---

① 项典典,包莹,焦冠哲.数字经济视域下的产消者:研究述评与展望[J].外国经济与管理.2022(3):36.

进行内容生产,每个工作组由 1—2 人牵头,招募合适的成员参加,人员组合可以跨部门、跨行业,甚至和中心以外的人进行合作。这样既利于调动员工的积极性,也利于提升工作的灵活度。

上海各区的情况和实践方案不一样,普陀区融媒体中心建立的是类似"兴趣小组"的项目组,抽调一部分人员来开展短视频、直播等方面的业务。值得一提的是,抽调的大部分都是入职时间不长的新人,旨在鼓励年轻人有自己的想法,同时通过提供项目执行机会培养他们的能力。闵行区融媒体中心则成立了若干工作室,服务于线上线下的联动,并且这种联动不局限于区内,还建立了跨域合作。例如,其"成长学院"工作室与浙江省安吉县融媒体中心合作开展暑期游学项目,组织闵行学生到习近平总书记提出"绿水青山就是金山银山"科学论断的发源地去感受生态艺术之美,并围绕活动生成若干线上内容与服务。此外,闵行区内航天相关资源丰富,该区融媒体中心就跟相关部门合作,组织安吉学生到闵行观看、学习航天科技。这些工作室的成立大大拓展了区级融媒体中心的业务边界,对原有的生产力进行了重组。

浙江省安吉县融媒体中心则设立了"项目领衔制",它旨在让集团内经验丰富且年龄偏大的老员工继续发挥能量,出台一系列重点攻坚项目,让其领衔指导年轻员工团队,合力产出优质内容。

"工作室"与"项目制"的生产机制相对灵活,打破了原有相对固定、边界清楚的部门或团队,人员和任务都不必固定,可根据实际情况随时进行调整,从而实现了组织架构的扁平化与工作的高效化。同时,这种生产机制也有利于人才的聚集与培养,人员不固定在一个岗位上,他们有机会通过多种尝试匹配兴趣与特长,从而使其能力与积极性充分地发挥出来。因此,内容生产的创新驱动力比较充足。此外,对于县级融媒体中心来说,"项目制"与"工作室"不仅仅用于新闻生产,创新灵活的生产机制也有利于在融媒体平台上培育、孵化和尝试多种形式的公共服务。

第三节 公共服务的数字化基础与可开发资源

尽管各地的实践各有不同,但归纳而言,除了新闻宣传以外,县级融媒体平台主要是从两条路径来提供公共服务:一条路径是将县域既有公共服务资源直接接入县级融媒体平台;另一条路径是协调各类主体以县级融媒体平台为依托,与公众实现多样化的交互,从而为基层社会提供新型公共服务。

然而,从课题组已调研的区域来看,一方面,县域既有公共服务资源普遍比较有限;另一方面,县级融媒体平台以上述两条路径所提供的既有公共服务也比较有限。这些与当地数字化基础以及公共服务可开发资源都有直接的关系。

一、县级融媒体平台公共服务的数字化基础

县级融媒体平台提供公共服务的方式不同于传统渠道,它一方面以线上方式为主,主要以 App 为核心平台提供服务;另一方面也正因为以线上为主,所以很大程度上取决于不同层面的数字化水平,主要包括"基础设施"与"数据"这两个部分。

首先,县级融媒体中心提供公共服务的程度取决于所在区域宏观层面的数字化水平,各地在这一点上差异很大。就上海来说,城市整体数字化程度相对较高,这不单是对数字化基础设施规模的描述,更是对其嵌入结构的描述。城市运行的"一网统管"和政务服务的"一网通办"系统是上海城市数字化治理的两大法宝。"一网统管"自 2018 年以来已经对上海形成了全覆盖,它是实现城市治理数字化转型的重要路径,推动治理由人力密集型向人机交互型转变,由经验判断型向数据分析型转变,由被动处置型向主动发现型转变。尤其是近几年,上海在经济、生活、治理三个层面持续推进数字化转型,目前已实现"三级平台、五级应用",即市、区、街镇三级平台,市、区、街镇、网格、社区(楼宇)五级应用。

2018 年 7 月,国务院发布了《关于加快推进全国一体化在线政务服务平台建设的指导意见》,该意见明确提出要"通过整合本地区各类办事服务平台,建成本地区各级互联、协同联动的政务服务平台,办理本地区政务服务业务,实现网上政务服务省、市、县、乡镇(街道)、村(社区)全覆盖。"[1]值得注意的是,它的发布时间与国家启动县级融媒体中心建设的时间差不多,并且也覆盖了基层。

因此,全国此后大致出现了三种情形:第一种情形是,部分较早启动或者

---

① 国务院.关于加快推进全国一体化在线政务服务平台建设的指导意见[EB/OL]. http://www.gov.cn/zhengce/content/2018-07/31/content_5310797.html.

已基本完成政务服务统一平台化建设的区域,其县级融媒体中心政务服务的空间较小。例如上海,根据资料显示,2018—2023 年,"'一网通办'连续五年,在年度省级政府一体化政务服务能力调查评估中位列第一梯队,入选了《2020 联合国电子政务调查报告》经典案例……'一网通办'接入事项 3 668 项,个人实名用户数达 8 146 万,法人用户数达 339 万,累计办件超 4 亿件。"①基本实现了公众和企业用户全覆盖和行政审批事项全覆盖。而同为直辖市的重庆市,与上海相似的是,近年来也推进了整个城市运行"一网统管"和政务服务的"一网通办"系统,如今在市级层面也已经形成了覆盖较广的服务基础,并在其移动端推出了"渝快办"App,集成了全市各类服务并不断向基层社会延伸,目前已基本实现区县、乡镇(街道)、村(社区)的网络通、数据通与业务通。这样一来,在上海和重庆这种已有平台充分提供各类服务的情况下,如再将相关业务接入县级融媒体平台,既有利益分配的问题,也有重复建设的问题。

第二种情形是,部分地区省级"一网通办"基本是与其县级融媒体中心同步或者略为滞后启动建设的,可能出现的情形是前者的基层端依托后者进行建设,甚至部分地区的县域政务服务直接由县委、县政府授权给县级融媒体中心在其平台上来实现,这对于当地来说是一种有效的资源整合。

第三种情形是,部分省域(尤其是部分中西部地区)的"一网通办"直到今天还未建设成熟,政务服务统一平台化的程度比较低,部分服务仍然停留在分散的线下阶段,基层延伸就更加有限,这种情形往往意味着该县存在资金不足、技术力量不足等诸多问题,这在一定程度上也会影响其县级融媒体平台提供各类服务的能力和进度。

就全国县域来看,目前总体上数字化基础是比较薄弱的,能够直接为县级融媒体中心提供有力支持的区域比较有限。因此,一个突出的现象是,部分原本数字化基础有限的地区以县级融媒体中心建设为契机推进了当地数字化建设和运行,在这个过程中,县级融媒体中心作为核心的承接主体,也同步完成了自身公共服务的数字化基础设施建设。

浙江省安吉县融媒体中心就是其中一个典型案例,该中心数字化布局以及初期建设起步较早。有资料显示:"2013 年安吉县融媒体中心就依托其广电有线网络在视频监控、应急广播、信息化平台、无线传输等领域布局。2016 年、

---

① 上海市商务委员会.上海"一网通办"上线 5 周年,实名用户已有 5 146 万,累计办件超过 4 亿件[EB/OL]. https://sww.sh.gov.cn/swdt/20231025/84a849ee85e145b0ad23719ab68bf990.html.

2018年相继建成两期云平台,从而完成了云平台建设。2019年组建了以自身为主体的'两山'转化数字研究院,以政府数字化转型为抓手,加快整合了全县各部门的数据。"①在大数据中心成立以后,它"以大数据中心为依托研发介入智慧城市建设,该模式通过信息资源共享,实现了一个平台集成操作与管控。"②2017年,安吉县融媒体中心(安吉新闻集团)负责建设支持智慧城市所需的安吉县基层治理综合信息总平台,该平台下辖四个分平台,分别是综合治理、市场监管、综合执法、便民服务。目前,该平台已覆盖全县所有乡镇和街道。

如今,安吉县融媒体中心(安吉新闻集团)已具备开发本县各类数字工程的能力,全县所有的数字化建设和运维都由其负责。同时,它也发挥自身作为媒体机构的优势,较早布局了本县视频监控体系,并根据各委办局职能,将符合其需求的探头和后台数据集成供其使用,"依托已建设完成的'平安视频'高清监控平台,搭建安吉县公共危机应急指挥中心信息系统技术架构,使联动指挥中心的接警、出警、指挥调度等过程更加科学、准确、迅速。还将'村村通'数据光网、'村村响'音频广播、'村村用'信息平台、'村村看'视频监控等数据资源接入县公共危机应急指挥中心信息系统,推动构建县乡村三级联动、快速响应的综合指挥体系。"③不仅如此,安吉县融媒体中心(安吉新闻集团)还承接了该县的"美丽乡村建设云平台"建设工作,"探索以媒体建设为主、融合县域各方公共服务需求的大数据、云平台系统建设的发展路径。"④除此之外,该中心还成立了浙江文澜信息发展有限公司,主营智慧城市项目。值得一提的是,它不仅服务本地,还输出经验与模式,先后与国内十几个地市县签订了全面战略性合作协议,开展智慧城市建设项目,其研发的用于公共资源管理的"智管家"、用于基层乡村智慧治理的"一张图"等智慧产品已在省内外23个地区落地使用。

不过,安吉县融媒体中心(安吉新闻集团)的案例有其特殊性,它一方面远远突破了一般"新闻宣传+公共服务"的范畴,甚至突破了"平台"的范畴,因为

---

① 浙江城市广播电视报.安吉新闻集团加速用"融合"与"开放"迎接智媒到来[EB/OL]. https://ishare.ifeng.com/c/s/v002fcfUbtcSaeUYrZfcnfGhArz73RCvq0hynZ-6iq-c2G0__.
② 武义发布.[牢记嘱托学标杆 武义融媒安吉行(四)]智慧城市:以"数字"引领发展以"智慧"服务群众[EB/OL]. https://m.thepaper.cn/newsDetail_forward_9548054.
③ 祝青.智慧融通,安吉打造基层治理信息枢纽[EB/OL]. https://baijiahao.baidu.com/s?id=17110599566426678659&wfr=spider&for=pc.
④ 黄楚新,黄艾.超越链接:我国县级融媒体中心建设的2.0版[J].编辑之友,2021(12):23.

它几乎整体性地承接了整个县域的数字化布局与建设任务,已经成为一个中枢般的存在;另一方面,也正因为如此,它不仅像其他县级融媒体中心一样通过平台面向公众提供公共服务,而且还面向其他部门、机构、组织等提供服务,从而在全县的数字化治理中既扮演了一个基础角色又扮演了一个核心角色。这与当地县委、县政府的充分授权以及中心有相对充足的资金是分不开的,并且这种独一无二的角色也使得该中心的营利能力大大增强,从而形成了良性的"造血"机制。据课题组调研来看,这在其他地区是很少见并且难以复制的。

湖南省浏阳市融媒体中心与安吉县融媒体中心(安吉新闻集团)类似,也是当地数字化基础建设的核心力量,但二者在建设方向上有一些差异。该中心从党建出发,研发了"党建＋微网格"智慧管理平台,目前已在全市所有乡镇和街道上线。该平台将全市所有党员统一起来担任网格员,形成了由近5万个"微网格长"和矛盾调解员组成的网络社区,每个网格员联系15—30户家庭进行服务。此外,浏阳市融媒体中心还将全市各部门1000余个行政审批事项全部集成到了其"掌上浏阳"App上。在此基础之上,浏阳市融媒体中心还与市教育局合作开发了"智慧教育",与市环保局合作开发了"智慧环保"等栏目,将相关新闻、政务、服务集成在一起,实现了深度服务。它们共同使得浏阳市融媒体平台实质上扮演了城市"一网通办"的角色。根据课题组的跟踪观察,近两年来,该平台还在不断增加应用场景,已将更多的公共服务纳入其中,从而使其成为一个更具综合性的民生服务平台,充分体现了该中心提出"要把智慧城市作为融媒体的核心来干"的思路与逻辑。

福建省尤溪县融媒体中心自成立以后,也在县委、县政府的部署下承接了"优先"参与全县智慧政务、智慧城市的建设任务。该中心于2021年承接了尤溪新型智慧城市多功能数据中心改造工程,其建设内容包括"尤溪县多功能会议基础性改造工程、多功能数据中心建造工程,以及线外工程、智慧文旅和智慧医疗建设工程等配套基础设施工程。"①具体参与形式是,融媒体中心通过其下属的福建省朱子文化传媒有限公司牵头,协调县域资源、集纳社会资本,承接建设工程的招标和投建工作,而非直接提供技术、人员和资金等。在这样的格局里,融媒体中心扮演的角色主要不是任务的直接承担者而更多是协调者,

---

① 尤溪县人民政府.尤溪县发展和改革局关于尤溪新型智慧城市多功能数据中心改造工程项目建议书的批复［EB/OL］. http://www.fjyx.gov.cn/zfxxgkzl/zfxxgkml/zdjsxm_14511/202003/t20200331_1518271.html.

这种格局的优势在于融媒体中心能够发挥媒体机构传播的特长,在多元主体间建立联系与沟通,从而产生"杠杆效应"——以有限的力量撬动更大的能量,推动可持续发展,从而也能够使得融媒体中心避免负荷过重,影响自身健康发展。

在西部地区,数字化建设程度普遍更加有限,因此,县级融媒体中心(尤其是一些实力相对较强的融媒体中心)往往承担了一些基础性、全局性的建设工作。例如:与前述几个案例类似,四川省仁寿县融媒体中心也参与了当地"智慧城市"的建设,但不同的是,它是通过与第三方技术公司合股成立技术公司来实现。甘肃省玉门市融媒体中心则建设了"祁连云"数据融合中心,通过将全市政府机关、民间组织与企事业单位的数据信息集成化存储管理,将其打造成"城市大脑",成为智慧城市建设的重要依托,这种做法的基本逻辑相当于把"一网统管"和"一网通办"融合在了一起。

其次,如前所述,县级融媒体中心提供公共服务主要是基于融媒体平台,这需要平台的数字化作为实现前提,即"充分依托云计算、大数据等技术,适应移动互联网,特别是5G的发展。"①一方面,就国家要求和课题组已调研的地区情况来看,大多数县级融媒体中心App是由省级技术平台开发或者维护的,少数由第三方公司开发或维护的县级融媒体中心也大多正在转向使用或者打通省级技术平台。因此,App的功能开发包括一些公共服务功能的接入和实现很大程度上取决于省级平台的技术水平。然而,目前各地省级技术平台的建设水平有差别,虽然已基本与融媒体中心对接,但对其支持程度普遍比较有限,这也是一些县级融媒体中心不愿意接入省级平台的原因,其中部分中心表示自己所合作的一些第三方公司比省级平台"好用"。此外,在数据方面,"县级融媒体中心在数据资源的获得和转化能力方面与第三方平台之间存在着较大差距,这种差距不仅仅在于技术,更重要的是对资源的数据化与整合。大量的优质资源数据被放在第三方平台,比如"两微"、抖音、今日头条。这种做法在目前有助于扩大影响,提升用户覆盖面。然而数据沉淀在第三方平台的后果是优质数据的丧失。"②另一方面,通过县级融媒体平台提供公共服务的另一个前提是,一些公共服务资源的整合,这就需要政府相关部门以及各相关主体

---

① 中共中央宣传部,国家广电总局.县级融媒体中心建设规范[EB/OL]. http://www.nrta.gov.cn/art/2019/1/15/art_114_43242.html.
② 胡正荣.打造2.0版的县级融媒体中心[J].新闻界,2020(1):28.

的一些前端操作。但目前看来，这个部分全国各地差异也比较大。

即使在上海这样一个直辖市的内部，各个区级融媒体中心与省级技术平台的合作也有差别，并且从2019年到现在也经历了一个不断变化的过程。在区级融媒体中心成立的初期，除了由提供省级技术平台的东方网进行App开发的几家中心以外，其余中心与东方网的合作比较有限。不过从区级融媒体中心建设的第二年开始到现在，多个之前未使用东方网技术平台的中心已完成或计划与东方网开展合作，尤其是其App纷纷转向与市级技术平台的对接，实现技术资源的整合。目前从各区级融媒体中心的App来看，由市级平台所架构起来的统一性与其各自的个性化能够最大限度地兼顾。根据课题组调研显示，由于平台技术的不断更新与发展，如今东方网能够提供的技术服务较之区级融媒体中心建设之初已经是大大丰富了。当然，还有一些复杂问题尚未完全得到解决，例如平台壁垒的存在，导致一些委办局服务无法接入App中，但这不完全是一个技术问题，其背后还有一些各主体之间的协商难题，因此也不是单靠市级平台就能够解决的。这个问题在全国不同区域也有一定的普遍性。

就课题组调研的其他区域来看，目前有的县级融媒体中心与省级技术平台是深度合作，有的是部分合作，有的则是尚未实质性地开展合作。而就各地县级融媒体中心目前的建设程度及效果来看，未与省级技术平台合作的利弊均有呈现。有利之处在于融媒体中心自主开发或由第三方公司开发的App在自主性与个性化方面较有优势，许多功能可以根据实际需求设计达成，而不受制于省级"统一模板"。这种情况客观上是因为省级技术平台建设之初也有经验、人员以及资金等方面的限制，很难在省域范围内充分满足各家融媒体中心的不同需求，但近年来这种情况也正在改善，在对上海连续几年的追踪调研中，课题组看到了市级技术平台与区级融媒体平台的适配度越来越高。

因此，对当下的县级融媒体中心来说，不与省级技术平台对接的弊端也比较明显，并且未来会越来越明显：一方面，不对接意味着难以与对接省级技术平台的其他各县级融媒体中心开展联动；另一方面，自主开发或由第三方公司开发、运维的费用也往往相对较高，对于不少县级融媒体中心来说压力也不小。更重要的是，由第三方公司开发和运维的App在数据安全方面也存在一定的隐患，难以完全达到自主可控的要求。在课题组的调研中，不少县级融媒体中心负责人明确表示，与省级技术平台的合作很大程度上就是出于对数据安全的考虑，毕竟县级融媒体平台负载各类服务功能，沉淀了大量的重要数据,而不少省级平台有更为成熟的数据中心,有严格的"三级通报"规定,符合国家对数据安全的要求。2024年8月审议通过并即将于2025年1月1日施行的《网络数据安全管理条例》明确规定:"网络数据处理者应当依照法律、行政法规的规定和国家标准的强制性要求,在网络安全等级保护的基础上,加强网络数据安全防护,建立健全网络数据安全管理制度,采取加密、备份、访问控制、安全认证等技术措施和其他必要措施,保护网络数据免遭篡改、破坏、泄露或者非法获取、非法利用,处置网络数据安全事件,防范针对和利用网络数据实施的违法犯罪活动,并对所处理网络数据的安全承担主体责任。"①自2021年颁布《中华人民共和国数据安全法》以来,国家将数据安全提到了空前重要的位置,在此背景和要求下,省级技术平台在数据处理的规范性、安全性与可控性方面具有独特优势。

目前也有一些县级融媒体中心在自建数据库方面已开展尝试,不过主要是针对内容数据进行存储和处理,不涉及重要的服务数据或国家有特殊处理规定的其他数据,例如:上海市松江区融媒体中心就有专门的数据库硬件设备,其存储量很大。目前主要将融媒体中心广电、报纸及其他新媒体平台所产生的数据上传至各个平台的信息中心做同等备份,再存到数据库内。具体来说,该中心的数据库主要分为音频库、视频库、产品库和图文库等,每个库内所有素材在其各个发布平台上都能互通。一方面,这些数据资源可供中心内部使用;另一方面,松江区融媒体中心与上海外国语大学合作的全球传播实训基地所使用的数据库,也是由该中心提供容量且加密使用的,所以它们是合用一套数据库及管理系统。

不过,从全国整体来看,目前无论是省级技术平台还是县级融媒体中心,它们对数据库的开发和利用都比较有限,《中华人民共和国数据安全法》明确提出:"国家支持开发利用数据提升公共服务的智能化水平。"②如何使得如此海量的数据存储具有公共服务的力量,既是关系县级融媒体中心继"建成"之后能否"用好"的关键因素之一,也是未来融媒体中心走向深度使用的重要方向之一。

此外,县级融媒体中心自身的技术力量也会制约其公共服务的实现程度

---

① 国务院. 网络数据安全管理条例[EB/OL]. https://www.gov.cn/zhengce/zhengceku/202409/content_6977767.htm.
② 全国人民代表大会. 中华人民共和国数据安全法[EB/OL]. http://www.npc.gov.cn/npc/c2/c30834/202106/t20210610_311888.html.

和质量,但如前所述,县级融媒体中心自身的技术能力普遍较弱,无论在接续开发方面还是在运维方面都有不小的困难,所以在调研中,部分融媒体中心负责人感叹:很多时候什么都准备好了,但由于技术短板,一些想法难以更好地实现。

在课题组调研的县级融媒体中心中,福建省尤溪县融媒体中心、浙江省安吉县融媒体中心和山西省长治市上党区融媒体中心自身的技术力量相对较强。尤溪拥有自己的技术团队,使得中心能够在 App 日常运维和功能开发中掌握自主权与主动权,同时也能完整掌握用户信息、浏览记录及历史内容等各项数据,保障数据安全并便于在允许的范围内做二次开发。安吉更是自主研发了县域数字化媒体综合服务平台,它是由集团将县内各类资源进行整合建设而成的一个数字化、网络化、自动化、高效率的管存一体化网络系统。由声屏报网传统媒体与"三微一端"新媒体形成全媒体矩阵,建成了应急管理、融媒体发布、技术网络研发、大数据处理及融媒体移动终端应用五个中心。[①] 此外,安吉县融媒体中心还利用大数据、云平台等技术,建设了以"一稿一库"为特色、融入声屏报网评议等功能的移动互联融媒体系统平台,并将手机端和电脑端打通使用,为一线采编人员的日常工作和管理提供了便利[②]。上党区融媒体中心则自主研发了中心 App"上党门",这在全国的县级融媒体中是比较少见的。该中心早在 2018 年就成立了长治市上党全媒马蜂网络科技有限公司,中心的技术团队除了对内做好融媒体系统开发、运维以外,还依托该公司对外单位输出技术服务,2021 年以后,该公司还参与了上党区智慧城市建设,从而使得上党区融媒体中心从参与社会治理的主体之一变成了一支具有数字化治理"底座"意义的力量。

但目前自身技术力量较强的县级融媒体中心比较少,大部分还是主要依托省级技术平台的支撑,因此,省级技术平台的优化非常重要,如何能够既在技术指标上达到国家标准,又能够尽可能地满足省内各县级融媒体中心的个性化需求,如何能够既支持融媒体内容生产,又能够为其更好地向公共服务领域拓展赋能,是县级融媒体平台和省级技术平台需要共同思考和推进的核心命题。

---

① 参考安吉发布.我领跑我光荣!安吉这一"聪明型"项目入选国家示范案例![EB/OL]. https://zj.zjol.com.cn/red_boat.html?id=101025180.
② 宋焕新.融合创新 贴地飞行:安吉新闻集团推进媒体融合智慧化探索[J].传媒评论,2020(3).

二、县级融媒体中心可开发的公共服务资源

这里所说的县级融媒体中心可开发的公共服务资源主要是指第二个维度的公共服务,即新闻宣传以外的政务服务商务。但它们不是"原地待命",而是需要政府通过多种形式开发供给的。因此,县域可开发的公共服务资源既包括公共服务的内容,也包括政府开发供给它们的能力。不过,这些内容不是单靠政府的力量就可以达成的,也需要多元主体的协同才能实现。

总的来说,相比城市而言,县域公共服务资源相对较少,不过课题组在调研过程中发现,不同县域之间可开发公共服务资源也有明显差异。整体上,东部地区无论从服务内容还是从地方政府的供给能力来看,都普遍较西部地区更强,这与当地经济社会发展程度、体制机制的灵活程度、地方文化与观念、人才的培养与吸纳能力等因素有一定的关系。县级融媒体中心可开发的公共服务资源与所在县域可开发的公共服务资源直接相关,但也不完全取决于后者,还取决于其自身的主观能动性以及县委、县政府的支持力度等多重复杂因素。

在上海,整个城市可开发的公共服务资源相对比较丰富,尤其在"十三五"期间,从"制度建设""设施建设""标准建设""机制创新"等方面显著提升了城市的公共服务能力,"根据城市规划和人口空间布局,按照服务人口和服务半径,优化基本公共服务资源配置,新增一批社区卫生服务中心、社区文化活动中心、社区嵌入式养老设施、社区健身苑点等。探索试点15分钟社区生活圈,建设社区综合服务设施,逐步提高服务可及性、便利性。"[1]这为上海区级融媒体中心进行公共服务资源的平台转化以及创新性开发提供了前提。

例如:静安区最早提出"社区大脑"概念,对基于物联网的社区治理早已有了比较成体系的实践。嘉定区则在不同社区周边建设了若干个"邻里中心"服务点,虹口区开发了"掌上驿站",徐汇区则与嘉定区类似,在线下建设了"邻里汇",它是政府为了打造"15分钟公共服务圈"而设立的"生活服务、自治活动、治理创新"的共享空间,与虹口区类似,徐汇区打造的"汇治理"小程序嵌入了该区融媒体平台"徐汇通"App 和"上海徐汇"微信公众号,从而实现了线上线下协同提供各类公共服务的功能,解决了"最后一公里"的难题。不过与虹口

---

[1] 上海市人民政府.上海市基本公共服务"十四五"规划[EB/OL]. https://www.shanghai.gov.cn/202113zfwj/20210705/1d0aae153a5e41c497d28700e11cb21b.html.

区不同的是,徐汇区并不是由线上"汇治理"小程序连接线下"邻里汇"的,而是通过徐汇区融媒体平台"徐汇通"App实现在线预约"邻里汇"的活动、课程以及场地等。

此外,针对各类特定人群,各区还将公共服务进一步精细化。静安区根据区内网格的划分,针对市北高新园区等区域——其本身是园区,入驻的企业又以高新科技类为主——园区内白领所有衣食住行的需求可基于园区得到满足。对于这些白领来讲,生活的地方与工作的地方往往相距较远,加之工作繁忙,居家休息的时间有限,因此,"居委会"和"社区"在整个日常场景中与他们关联比较有限。针对此类人群的特殊性,静安区融媒体平台就围绕他们的工作场景将其"社区化",将App的一些功能与园区进行资源对接,从而对白领实现更为精准的公共服务供给。虹口区则老年人居多,他们平时喜欢参加各类社区文化活动,因此,该区融媒体平台就有针对性地策划,为其提供线上展示的空间。区级融媒体中心作为非营利的事业单位,能够与一些公益性的文化体育活动场馆对接,共同为老年人锻炼身体、社会交往提供多种"适老化"的服务。

宝山区融媒体中心则与其他区的情况不太一样,它是在政府网站的基础上转型而来的。原宝山区政府门户网站是副处级单位,是区政府办公室网上办公平台,该网站起步较早,12345公众热线平台也是由其负责搭建的,所以与多元主体打交道、谈合作的经验更丰富,也更易于实现对各类公共服务资源的整合以及将线下服务线上化。

江苏省溧阳市融媒体中心的情况也比较特殊,因为接管并升级改版了原隶属于市工信局的智慧城市客户端"自在溧阳"App,所以该平台天然地汇集了市内不少公共服务资源。也因为这样的背景和角色,使其后续增加、更新各类服务资源也变得相对容易。

然而,对于本地公共服务基础条件没有这么好的地区来说,县级融媒体中心自身的能动性就非常重要了,它是打开局面、获取资源的必要一环。例如:四川省仁寿县融媒体中心就是课题组调研中在"主动出击"方面颇具代表性的案例,该中心针对本地常年在外地务工的农民工数量较多的情况,主动在其"大美仁寿"App里设置了"农民工之家"板块,并针对农民工的需求开发了"找老乡""找组织""求帮助"等功能。"'找老乡'中以'仁寿人在××(地名)'为板块名划分地区,为分散于全国各地的(仁寿籍)农民工提供了同老乡互动交流的平台,同时(县里专门成立的)农民工服务中心人员也加入其中,以便及时了解大家的想法和需求,并尽可能地优化相关功能。"①这种创新型的线上功能设计消弭了公共服务的空间限制,破解了公共服务在城乡流动背景下的难题。

据课题组整体调研,公共服务供给相对丰富的县级融媒体中心所在区域往往不是公共服务资源相对丰富的地区,这可能与它们面对的困难更大、更有危机感有关,因为资源不丰富,所以主动开掘空间的意识就更强,否则就有可能陷入"无米之炊"的境地。这种局面提醒我们,县级融媒体平台的公共服务不是简单地把线下服务搬到线上,而是有许多的开掘空间,它们不全是现成的,而需要基于平台特性与优势打开思路因地制宜,这样就不会完全受限于县域既有公共服务资源的多寡,而且有较大的创新余地,使得县级融媒体平台提供的公共服务既区别于线下,也区别于其他平台,真正有效满足基层公众多样化的需求。

---

① 陈一,石力月.全国县级融媒体中心发展调研报告 2021—2022[M].北京:中国社会科学出版社,2022:71.

第三章　县级融媒体平台参与社会治理的形式

虽然从上一章的分析来看，县级融媒体中心具有参与基层治理的多方面现实基础，但近五年的实践显示，各地县级融媒体中心对此理解差异比较大，进而影响到实践，差异也比较大。如前所述，县级融媒体平台主要是通过提供公共服务的形式参与基层治理，因此，在分析了县级融媒体平台参与基层治理的现实基础之后，本章主要探讨县级融媒体平台参与基层治理的形式，集中讨论其公共服务的形式。

许多研究表明，公共服务并不意味着排斥市场参与，"政府购买服务"就是市场参与公共服务的一种典型形式。同样地，全国体量如此庞大的县级融媒体中心也不可能以拒绝市场参与的方式提供公共服务。因此，真正关键的问题是"市场如何参与公共服务"？究竟是以市场的参与盘活资源、提供动能，还是完全以市场的目标作为行动的指南，二者具有根本的不同。正是在这个意义上，本书需要对田野资料做出甄别，在经验研究的基础上与理论对话。

根据前述本书所探讨的公共服务内涵，本章将其实现形式划分为"内容生产""接入式服务""交互式服务"三类。不过，课题组调研显示，在每种形式的内部，不同地区的县级融媒体中心具体表现也各有不同，所以不能笼统而论，需要尽可能呈现其复杂性。此外，县级融媒体中心从"初生"到现在，经历了各类突发事件的考验，这也为本研究提出了一个重要的考察维度，即县级融媒体平台在日常状态与应急状态下的公共服务有什么不同？这些都是本章需要探讨的问题。

第一节　常态下县级融媒体平台的公共服务

常态下县级融媒体平台的公共服务形式主要是指那些相对固定的设置，

即前述三类,其中,"内容生产"不仅局限于狭义的新闻,而是指向一类服务性凸显的多样化内容,这是作为基层媒体的县级融媒体最具特色的内容生产;"接入式服务"是指在县级融媒体平台上直接开设服务入口,用户点击进入即可使用服务,没有基于意见表达的互动。而"交互式服务"则是指平台作为中介,多主体在同一界面基于意见表达而获得服务。"接入式服务"的基本思路是提供与其他治理平台不同的服务,而"交互式服务"的基本思路是充分发挥媒介化平台的优势,提供与其他治理平台不同形式的服务。

一、凸显服务性的内容生产

如绪论所言,县级融媒体平台的公共服务与其他基层社会治理平台最显著的区别就是其媒介特征,即通过内容生产达成公共服务。如果从广义的公共服务来理解,县级融媒体中心所有的内容生产都可以归为公共服务,但如果仅仅停留在这个层面,就消解了分析的有效性,也难以呈现它与央媒、省市级媒体的区别。不少前人研究都指出县级融媒体中心的内容生产应当无限贴近基层,充分体现在地化,但上级媒体也会深入基层开展报道,其报道的水准和平台的能见度可能都优于县级融媒体中心。与此同时,互联网的不断扩张高度提升了日常生活的脱域性,基层公众也不局限于使用本地媒介,内容生产的接近性原则不仅指向地理,还指向需求,即贴合基层公众的需求。从这个意义上来说,县级融媒体中心需要提升媒介内容的服务性才有可能找到自己独特的位置。

例如:课题组在调研中了解到,重庆市渝中区融媒体中心由于人手、经费以及体制机制的限制,其 App 平台"重庆渝中"能够提供的接入式服务不多。因此,该中心就扬长避短,利用自身处于主城核心区拥有大量文旅资源的区位优势,生产了不少融媒作品,以系列慢直播、短视频、Vlog 等多种形式向公众提供了关于文创、美食、艺术等多方面的内容。其策划的"打探热门景点"等网络直播活动引发了很高的社会参与度,一方面,为本地的文旅资源提供了充分的展示和宣传;另一方面,也为本地和外地来渝的公众提供了一份详尽的文旅服务指南。

新疆维吾尔自治区伊宁市融媒体中心则利用自己身处少数民族地区拥有独特资源的优势制作了不少短视频,"通过全媒体平台播发达达木图镇花卉香菇种植、托克拉克乡的果酱奶酪、克伯克于孜乡的君子兰、塔什瑞科乡的手工皮鞋、园艺场的芍药花等短视频,大力推介本地农副产品,线上线下助力乡村振兴。"①这与前述直播带货的区别在于它可能促成多元主体多种形式的合作,由此带动当地整个产业的变化,而不仅仅促成个体产品的买卖。

上海市金山区融媒体中心则"走得更远",突破了地理边界,"凭借沪浙交界的区位优势,积极与长三角地区周边省域媒体开展互联传播。2019年,金山区融媒体中心与浙江诸暨、安徽肥东、江苏常熟4家电台联合推出'长三角特色小镇1+1'对农广播融媒体大型跨地行动,6场主题直播综合展示了长三角多个精品特色小镇风情。该活动创造性地通过县域媒体联动推介本地乡村资源,在此基础上开展旅游及产品交易。这是'融媒体助农'的典型实践——运用媒体资源推动产业合作,以线上报道带动线下的农产品出售和小镇旅游。"②

此外,还有一些县级融媒体中心将内容生产与线下行动结合起来,以更丰富的形式体现内容生产的服务性。例如:河北省雄县融媒体中心举办"少儿春晚"节目,为全县有才艺的少年儿童提供一个展示风采的舞台,免收贫困户报名费,并对其子女进行义务才艺培训。在乡村,融媒体中心引导农民组建广场舞队以及乡村文化传播站,鼓励他们通过这个平台自主创作民间歌曲、戏曲等文艺作品,然后将其制作成节目,通过融媒体中心各个平台向外传播,极大地调动了农民的参与积极性。

内容生产与线下行动的结合还有另一种形式,例如:贵州省石阡县融媒体中心在当地脱贫攻坚期间安排专人下沉到少数民族聚居的社区、村落采集民声民意,生产媒体内容。石阡县的少数民族占其总人口的74%,社会结构具有"大杂居、小聚居"的特点,社情民意也有多元、分散以及价值分歧的特征。因此,与日常报道不同的是,这些被安排下沉的记者是长时间待在社区、村落里的,通过参与式观察、同吃同住同劳动,形成更为直观的体会和认识,在此基础上制作系列报道,才能深入反映现实,有效动员和触及人心。

虽然传统意义上的大众传媒因其具有监测社会的功能而与广义的社会治理关联在一起,但本书并不是在如此宽泛的维度阐释县级融媒体平台内容生产与社会治理之间的关系,并且从具体实践来看,也不是县级融媒体平台生产的所有内容都与社会治理直接关联。上述不同区域的实践方式各不相同,但

---

① 陈一,石力月.全国县级融媒体中心发展调研报告2021—2022[M].北京:中国社会科学出版社,2022:199-200.
② 石力月.上海区级融媒体中心建设发展调研报告(2019—2020年)[M].上海:上海社会科学院出版社,2020:96.

其共性都在于吸纳了基层多元主体的参与,诉诸他们的多元行动,基于此,我们说县级融媒体平台这一类内容生产具有助力社会治理的意义。但与交互式服务的区别在于,在交互式服务中县级融媒体平台本身即多元主体提供行动场所,而这里内容生产诉诸的多元主体行动不是指向平台本身,而是指向广阔的社会空间。

二、接入式平台服务

就课题组的调研来看,从形式上开设接入式服务的县级融媒体平台不少,但是能够通过进入该入口实质性地提供服务的不多。这里面既有技术问题,例如负责开发的省级统一技术平台尚不支持该项功能,以及如第一章所述整个区域数字化基础和可开发资源有限等,也有多元主体协同有限、不同主体后台数据无法对接等结构性问题。本书将接入式服务分为"政务服务"和"其他服务"两类,这不是一个非常严谨的分类,尤其在今天一网通办政务服务平台的业务范围不断扩大的情况下,从服务内容本身来看,二者的边界非常模糊且不断变化。

本书分类的依据主要在于"主体角色",即"政务服务"主要是指那些政府为主导性角色的服务,而"其他服务"主要是指其他多元主体为主导性角色的服务。需要强调的是,这里的"主导性"意味着服务的供给不是单一角色作用的结果,事实上,很多服务都是多元主体协同达成的,为了方便分析,这里仅以其中占主导性作用的角色为依据做一大致区分。

(一)差异化的政务服务

政务服务属于广义公共服务的一部分,县级融媒体平台一般是以接入的方式提供政务服务,"问政节目"也是政务服务的一种形式,而且是媒介平台独有的一种形式,但因为它的显著特征是交互性,所以本书将其放在"交互性服务"的部分,此处集中讨论接入式政务服务。

政务服务在不同时期有不同的形式,随着信息技术的不断发展,政务服务与技术的结合愈加紧密,如今正朝着数字化、智能化的方向深度推进。政务服务的数字化转型被认为一方面能有效地减少重复性建设和资源浪费,另一方面能够提升公共服务的效率。有实证研究表明:"在线政务服务显著提升了公共服务的公众满意度,增强了人民群众的获得感。"①

梁银锋和王镝将政务服务的发展变化总结为三个阶段②,第一阶段是2002年以前的电子政务萌芽阶段,这个阶段的主要特征是办公自动化和部门信息化;第二阶段是2002—2014年的电子政务全面推进阶段,这个阶段的主要特征是强调部门协作和主动服务,通过线上线下办事大厅和移动互联网终端提供更全面的在线办事服务;第三阶段是2014年以后的政务服务数字化转型与创新突破阶段,这个阶段的主要特征是在前两个阶段的基础上深度改革,前两个阶段存在"政务服务平台建设管理分散、办事系统繁杂、事项标准不一、数据共享不畅、业务协同不足等问题较为普遍,政务服务整体效能不强,办事难、办事慢、办事繁的问题"③,因此,2018年国务院出台了《关于加快推进全国一体化在线政务服务平台建设的指导意见》(下文简称《指导意见》),旨在"加快建设全国一体化在线政务服务平台,推进各地区各部门政务服务平台规范化、标准化、集约化建设和互联互通,形成全国政务服务'一张网'。政务服务流程不断优化,全过程留痕、全流程监管,政务服务数据有效汇聚、充分共享,大数据服务能力显著增强,政务服务线上线下融合互通,跨地区、跨部门、跨层级协同办理,全城通办、就近能办、异地可办,服务效能大幅提升,全面实现全国'一网通办',为持续推进'放管服'改革、推动政府治理现代化提供强有力支撑。"④从而全面提升公共服务数字化、智能化水平。

根据《指导意见》,全国一体化的在线政务服务平台是一个从中央到地方的纵向网状结构布局,该意见明确要求"充分利用各地区已建政务服务平台,整合各类政务服务资源,协同共建,整体联动"⑤。同时,按照《国务院关于加快推进政务服务标准化规范化便利化的指导意见》的界定,"政务服务事项包括依申请办理的行政权力事项和公共服务事项。所涉及的行政权力事项包括行

---

① 张龙鹏,汤志伟,曾志敏.技术与民生:在线政务服务影响公共服务满意度的经验研究[J]中国行政管理,2020(2):51.
② 梁银锋,王镝.政务服务数字化转型何以提升公共服务效率?——以"互联网+政务服务"平台建设为例[J].电子政务,2024(1).
③ 国务院.关于加快推进全国一体化在线政务服务平台建设的指导意见[EB/OL]. https://www.gov.cn/zhengce/content/2018-07/31/content_5310797.htm.
④ 国务院.关于加快推进全国一体化在线政务服务平台建设的指导意见[EB/OL]. https://www.gov.cn/zhengce/content/2018-07/31/content_5310797.htm.
⑤ 国务院.关于加快推进全国一体化在线政务服务平台建设的指导意见[EB/OL]. https://www.gov.cn/zhengce/content/2018-07/31/content_5310797.htm.

政许可、行政确认、行政裁决、行政给付、行政奖励、行政备案及其他行政权力事项。公共教育、劳动就业、社会保险、医疗卫生、养老服务、社会服务、住房保障、文化体育、残疾人服务等领域依申请办理的公共服务事项全部纳入政务服务事项范围。"①在上述界定中,包含于政务服务事项之内的公共服务事项主要属于狭义公共服务的范畴。由此可见,如果以同样或者类似的方式提供政务服务,县级融媒体平台的行动空间已经很小了。尤其在上海这种政务一网通办已经非常发达的地区,其"随申办"平台的"服务边界在不断扩大,它早已超越了简单的政务服务范畴,涵盖了衣食住行等各个方面,医疗挂号、缴纳水电费、查询交通信息、申请居住证……都能在'随申办'上完成。"②

课题组的调研也印证了这样的判断:目前总体来看,各地区县级融媒体平台直接接入的政务服务是很有限的,有些App仅整合了各委办局、街道、学校等单位的融媒号,但这些融媒号里只有各单位相关的文章和视频(且多数更新有限),并没有提供在线办事功能。有些App甚至虚设政务服务,即在平台设置了相关入口,但点击进入没有任何内容。还有部分融媒体中心采用了"跳转链接"的方式,即在自身平台(包括App和微信等)设置入口,点击进入以后自动跳转至其他平台,这意味着后台数据并没有真正打通,便利性与实用性也大打折扣。因此,一方面,这种做法对用户黏性的提升作用不明显,尤其在用户已经习惯直接从其他政务服务平台入口进入以后,县级融媒体平台的入口会显得比较"鸡肋";另一方面,如果县级融媒体平台仅仅提供跳转入口,那么它对链接的政务服务几乎没有个性化操作的空间。在这种情形下,差异化服务对于县级融媒体平台来说就尤为重要。具体来说,差异化主要表现为两种思路:一是"下沉细分",即将一些目前仅有省市级层面提供的生活服务向下分解,提供更加精准的基层服务;二是"错位供给",即在省市级政务平台已经充分供给且优势明显的情况下,尽力找寻"真空地带"。

在这两方面,上海做出了不少探索,如郑雯等人所说,提供了具有靶向定位的区域垂类精准服务,他们指出:"靶向定位能够有效规避重复性的服务供给,又能精细化运作细分服务种类③。"据课题组调研,闵行区融媒体平台与区

---

① 国务院.关于加快推进政务服务标准化规范化便利化的指导意见[EB/OL]. https://www.gov.cn/zhengce/zhengceku/2022-03/01/content_5676259.htm.
② 潘少颖.在上海生活,怎能没有这个App?[EB/OL]. https://m.thepaper.cn/baijiahao_26827097.
③ 郑雯,万旭琪,施畅."螺蛳壳里做道场":城市中心城区融媒体中心深度融合的双重路径[J].新闻与写作.2022(8):88.

房管局合作打造了"物业直通车"板块,小区物业遇到的各类问题,都能够得到及时反映和解决。虹口区围绕构建"15分钟就业服务圈"的目标,在其融媒体中心"上海虹口"App内接入了虹口区人民政府企业服务云、虹口区人民政府等网站上与就业服务相关的内容,其中包括政策一网通、企业展示、重点产业、商业楼宇、人才公寓、毕业生就业一站式服务、残疾人就业培训服务信息查询、中介服务机构、社保服务中心、劳动争议仲裁、建设交通行业人才招聘等服务。

宝山区融媒体中心则是建立在更深入的技术革新与场景搭建基础上的,该中心搭建了一个城市数字化应用场景,它是一套综合应用系统,在2021年,"宝山区融媒体中心围绕宝山区打造科创中心主阵地、城市数字化转型三年建设目标,以'宝山汇'App为载体,陆续推出首批依托移动端'宝山区统一预约平台(宝山汇)'的随申码应用场景落地,推进'社区通''一网通办''文明实践'等服务在'宝山汇'平台互联互通,协助政府优化服务流程、创新服务方式、推进数据共享,App的功能链接到百姓生活、衣食住行,链接到宝山城市生活的角角落落,加强公共服务领域的数字赋能,积极探索数字化转型的应用场景,利用先进理念和技术构建宝山数字城市生活服务新生态。"①一方面,如前所述,宝山区融媒体中心是以其区政府网站为基础成立的,而该区一网通办平台就是由其政府网站搭建的,直到该区行政服务中心成立以后才剥离出去。所以,与其他区相比,宝山区融媒体中心与整个政务系统的关系更为紧密,既能达成与一网通办政务平台的互联互通,也能实现生活服务的多场景应用。之所以在这里把后者归入政务服务的部分,是因为它们所依托的该系统是以政府主导为前提开发的,与后文讨论的其他生活服务有区别。另一方面,上述系统经由宝山区融媒体平台应用产生大量的数据,它们能够直接进入宝山区大数据中心,从而更好地应用并服务于城市的数字治理。

与宝山区类似的是,上海徐汇区融媒体平台"徐汇通"App也嵌入了一套创新社会治理的系统——"汇治理",但二者的区别在于该系统不是由徐汇区融媒体中心自主开发的,而是在2020年由徐汇区行政服务中心开发的小程序。最初它是服务于应急需求,之后几年间该应用将各类服务不断细分,提供了不少市级"一网通办"没有提供的服务。一方面,它填补了基层政务服务的部分空白点;另一方面,它还在不断地更新和增加服务事项,进一步提升精准

---

① 澎湃新闻.宝山这三个案例入选第四届中国(上海)社会治理创新实践案例![EB/OL]. https://m.thepaper.cn/baijiahao_16084293.

对接公众需求的能力。

福建省尤溪县融媒体平台也内嵌了一套系统——尤溪县数字乡村公共服务平台,该平台于2021年9月上线。与前述两套应用于城市基层治理的系统不同的是,它应用于乡村治理。2019年5月,中共中央办公厅、国务院办公厅印发《数字乡村发展战略纲要》,明确提出要把数字乡村摆在建设数字中国的重要位置,推进"互联网+政务服务"加快向乡村延伸,提高乡村治理信息化水平,提升治理能力。尤溪县这个平台是由尤溪县融媒体中心直接参与研发的,研发合作方还有中国传媒大学、千城云科(上海)数据科技有限公司。"(该)平台通过党建引领,构建'县—乡镇—村(社区)—党支部—微网格'的分级管理体系,有效畅通基层群众'民生诉求渠道',把矛盾化解在基层,做到'小事不出村、大事不出县';同时提供行程码、查天气、查违章、查快递、生活缴费、交通出行等便民服务,实时发布本地新闻资讯、重要通知公告等内容,把宣传触角、融媒服务延伸到最基层的人民群众。"①截至课题组调研之日,该平台已覆盖全县15个乡镇250个行政村30万农村居民。

除了上述"下沉细分"的实践路径以外,还有一些县级融媒体中心以"错位供给"的思路提供了一些既有政务服务平台上鲜有的服务。

例如:上海市虹口区融媒体平台就将思政教育服务接入其"上海虹口"App,该App上的"虹口全域'大思政课'"栏目集纳了区内党史学习教育和大思政课的相关内容,从而使其承担起全区服务党员的党建服务平台的功能。该栏目除了提供相关动态信息、学习资料以外,还提供一系列相关服务,包括红色场馆线路查询、场景介绍,举办线上主题展览、线上直播以及创新课堂等。服务于思政教育是虹口区融媒体平台的特色,在此之前,该App设立了"思政大讲堂"栏目,它原名"新时代大讲堂",是宣传习近平新时代中国特色社会主义思想所开设的区委讲师团栏目,分为线下、线上两个会场开展宣讲工作。其中,线下主会场设在虹口区工人文化宫大礼堂。2020年5月,虹口区委宣传部和该区融媒体中心依托"上海虹口"App推出"虹口区新时代大讲堂"线上主会场,涵盖了经济、政治、法治、科技、文化、教育、民生、生态、党建、理论等十大领域,定期发布宣讲资源,包括区委讲师团、部门专业宣讲团、街道公众宣讲团的专题辅导报告,以及区委宣传部的"虹口的红色回响&海派记忆"、区教育局

---

① 人民网.三明尤溪:数字赋能 让乡村公共服务更便捷[EB/OL]. http://fj.people.com.cn/n2/2022/0321/c181466-35183483.html.

的"一师一优"、区司法局的"法治虹口"、区文旅局的"一楼一故事""没有围墙的博物馆"、区卫健委的"国医讲堂"、高顿教育的"趣味金融实验室"等主题系列资源。从2020年到现在,"上海虹口"App最显著的变化在于从单纯的内容资源供给拓展为服务资源供给,充分利用了媒介化平台的特性与优势,提供了与政务服务平台差异化的服务。

上海也有个别区的情况例外,因为App无法从功能上实现与"一网通办"打通,所以就从微信公众号做一点突破。青浦区政务服务中心主动与青浦区融媒体中心进行合作,将"一网通办青浦区旗舰店"的入口接入了"绿色青浦"微信公众号,虽然通过该入口最终也是进到"一网通办"界面,但它不是跳转至网页版,而是以能够适配手机移动端的方式进入,实现各类政务服务功能的使用。相比之下,重庆市区级融媒体平台接入市级"一网通办"移动端"渝快办"App部分政务服务是一种更加实质性的合作。就课题组调研过的渝中区融媒体中心来看,在其"重庆渝中"App内"渝快办"板块经过实名认证以后可直接办理"社保服务""公积金""民政服务""不动产"等。然而,青浦与渝中这两种接入方式的局限性都很明显,归根结底是未与既有政务服务平台("随申办"App和"渝快办"App)形成差异,尤其当既有平台已经成为政务服务的核心渠道,而如果县级融媒体平台只是对其服务进行复制,它的政务服务功能就基本失效了。

除了上述多样化的实践以外,全国不同地区的县级融媒体平台还普遍提供同一种服务,即接入新时代文明实践中心的基层志愿服务。新时代文明实践中心是一项全国部署的建设工程,并且也是由宣传条线负责推进的。早在2018年,中央全面深化改革委员会第三次会议就审议通过了《关于建设新时代文明实践中心试点工作的指导意见》,该意见明确指出要"用好网络":"注意发挥手机等移动终端的传播功能,向农村群众推送学习内容,开展学习交流,实现文明实践活动网上网下同频共振。"[①]在此之后,许多地区将县级融媒体中心与新时代文明实践中心结合在一起发展。新时代文明实践中心是在整合现有基层公共服务阵地资源的基础上,以县、乡镇、村三级为单元,通过志愿服务的形式,学习宣传习近平新时代中国特色社会主义思想、宣讲党的方针政策、培育主流价值、活跃文化生活、推动移风易俗的农村基层宣传思想文化活动和精

---

① 中央全面深化改革委员会.关于建设新时代文明实践中心试点工作的指导意见[EB/OL]. http://wenming.enorth.com.cn/system/2019/12/09/037845392.shtml.

神文明建设中心。2022年,《中共中央国务院关于做好2022年全面推进乡村振兴重点工作的意见》提出:"依托新时代文明实践中心、县级融媒体中心等平台开展对象化分众化宣传教育,弘扬和践行社会主义核心价值观。"[1]更加明确了二者同频共振的重要性。

新时代文明实践中心建设目标之一是推动基层志愿服务工作的创新发展,志愿服务也是狭义公共服务体系的一部分,它的具体服务形式主要是线下开展各类活动,而县级融媒体平台主要为其线下活动提供线上支持,例如在App上设置专门的入口,将志愿者在线注册、活动招募、组建团队、志愿对接、心愿认领等功能集成在一起,参与者只需点击进入即可完成全流程登记手续,而且融媒体平台还可以发挥自己的媒体属性,以图文、视频的方式记录、呈现过往活动,便于参与者更好地了解活动内容,这样一方面能够提升参与的灵活性与便捷性,另一方面能够提升活动组织的效率与精准性。

课题组在调研中发现,除了直接接入一些支持功能以外,还有部分融媒体中心探索出其他创新之举,例如:宁津县融媒体中心在农村开播了"新时代文明实践广播",这是该中心"智屏融合"项目的一部分,"该项目县级指挥调度平台建在宁津县融媒体中心,调控宁津县821个村的广播终端和城区近千套无线接收终端;这套指挥调度平台符合国家应急广播标准,多套信号传输方式自动切换,电脑端、手机端均可控制,可实现与国家、省、市互联互通,功能共享。"[2]这样一来能够实现新时代文明实践的有效下沉,惠及更多公众。

浙江省安吉县融媒体中心则于2019年安吉县新时代文明实践中心成为全国试点之际研发上线了手机端和PC端为一体的"文明超市"应用平台。该平台除了能够实现前述对线下活动的辅助支持功能外,还增加了积分功能,公众能够通过参与文明实践赚取积分,凭借积分兑换各种物品,此举也能够激励更多人参与到新时代文明实践中来。

福建省尤溪县融媒体中心的实践比较特殊,它不是简单通过App接入实现新时代文明实践部分功能的线上化,而是成立了融媒体宣传服务队,结合志愿服务,举办进乡村、社区、学校的专场活动。此外,服务队还通过文艺宣传、融媒体产品展示等提供了各种形式的综合服务,丰富当地群众的精神文化

---

[1] 中共中央,国务院. 关于做好2022年全面推进乡村振兴重点工作的意见[EB/OL]. http://www.moa.gov.cn/ztzl/jj2022zyyhwj/2022nzyyhwj/202202/t20220222_6389276.htm.
[2] 王金刚. 宁津县融媒体中心:"智屏融合"织密基层治理"一张网"[EB/OL]. https://baijiahao.baidu.com/s?id=1708256116479103981&wfr=spider&for=pc.

生活。

因此，总体来看，单一的接入式政务服务对于县级融媒体平台来说是有困难的，如果不与统一政务服务平台的建设错位发展，提供不同的内容或通过不同形式供给，对于大多数地区来说，县级融媒体平台政务服务的空间是非常有限的。这种情形与当地数字化基础以及可开发资源相关，但不完全取决于此，归根结底还是与不同主体之间的结构性矛盾和县域顶层设计有关。结构性矛盾即在条块分割的治理结构中，县级融媒体所属宣传条线横向协同其他条线的困境，如果没有县委、县政府通过专门的顶层设计推动和保障，县级融媒体中心自身是很难化解这种结构性矛盾的。因此，就课题组的调研来看，目前能够有效提供接入式政务服务的县级融媒体平台比较少。

（二）多样化的其他服务

与政务服务不同的是，其他服务的供给主体更为多元，主导性角色包含除政府外的其他各类主体。需要说明的是，本书将县级融媒体平台与一些市场主体的部分合作或者带有一定营利性的服务也纳入公共服务，因为它们与以营利为目的、完全市场化的服务有所区别，这些服务主要包含以下几种情况：第一，部分县级融媒体平台提供商务服务但商家无需向平台付费，平台也不从交易活动中抽成，而是公益性地为买卖双方牵线搭桥，这与商业化平台有本质的不同；第二，部分县级融媒体平台提供的商务服务具有扶贫助困的性质，或者站在公益立场推广本地特产，与商业化平台交易一般产品不同，也不收取费用；第三，部分县级融媒体平台不直接提供在线商务交易，仅为用户提供一些相关市场信息，不收取任何费用；第四，部分县级融媒体平台提供在线交易，获取一定的利润，但不以营利最大化为目的，而是主要用于中心内部交叉补贴。

在课题组所调研的县级融媒体中心中，福建省尤溪县融媒体中心提供的各类生活服务种类相对比较丰富，其"智慧尤溪"App开通了"城市服务"专栏，下设近50个社会生活服务板块，此外，该App还于2020年4月开通了"智慧食堂"支付系统，为全县机关、乡镇食堂提供智能化的结算服务，职工的伙食补助也能够通过该系统同步到个人。在此基础之上，尤溪县融媒体中心继续拓展了合作主体，与县城主要商超以及部分便利店提供电子结算服务，开辟了移动手机端的"支付交易"功能。这样一来，它扩展了服务人群，增加了服务场景，从而能够更有效地增加用户黏性。此外，"智慧尤溪"App还开设"扶贫专柜"，推广尤溪本土特产，通过"以卖促宣"的方式提升本土特产的知名度，帮本土特产一定程度地打开市场局面的同时,中心也能获得一定的营收。

湖南省浏阳市融媒体中心开发了一个名为"羊淘商城"的电子商务项目,它跟完全商业化的电子商务项目不一样的是,"羊淘商城"将扶贫产品与发放给事业单位员工的福利资金相对接,后者可以使用这笔资金在"羊淘商城"购买扶贫产品,这样一来,员工获得了优质福利,贫困地区也获得了精准帮扶,从而能够实现公共服务的双向性。

新疆维吾尔自治区伊宁市融媒体中心则与其他地区不同,它主要不是通过 App,而是通过广播平台提供各类社会生活。例如:实时分享伊宁市及周边吃住行旅游购物娱乐等一站式服务资讯,为企事业单位发布招聘求职信息,为广大听众发布二手房及其他二手物品交易等资讯。广播的优势是抵达人群广,受地理空间条件影响小,尤其能够抵达广大的边远乡村,加之融媒体中心能够开展维吾尔语和汉语双语播报,这样可以惠及更多的人群,进一步降低公众接受门槛,提升服务效果。

浙江省安吉县融媒体中心(安吉新闻集团)的"爱安吉"App 功能强大,几乎汇集了当地居民衣食住行的方方面面。该 App 的"安吉美食"频道汇集了 400 余家各类美食店,用户可直接下单购买,还能在平台上直接购买汽车票等。与其他在线购物平台不同的是,上述在线购买都依托于安吉县融媒体中心(安吉新闻集团)自己开发的数字货币——"云豆子",它可以通过购买、赠送或者参加活动等方式获得,用户使用"云豆子"付款结算时还可以获得优惠消费券和积分,积分累积到一定数量可以兑换商品。此外,安吉全县乡镇部门工作人员的餐饮补贴也都纳入到"云豆子"体系,这样一来选择增多了,能够缓解用餐高峰时间段就餐不便的问题。2024 年 1 月 12 日,"爱安吉"App 上线了"云享吉事"模块,整合了"超市便利""生鲜水果""特色美食""云点美食""云动数码""预约拼团""助农扶农"等服务,这些服务也同样使用"云豆子"支付系统,并在此基础上加大了惠民力度,推出秒杀产品、消费券、外卖红包等,不断增加用户的 App 使用黏性。

此外,安吉县融媒体中心(安吉新闻集团)是以"广电"为核心力量建立起来的县级融媒体中心,这一点也体现在其全省广电行业首家社区生活综合服务平台——"广电指惠家"的创立上,该平台"包含了本地生活圈和数字电视个性化服务两大功能,下设'指惠家'和'广电营业厅'两大板块,服务涵盖本地老百姓本地生活、严选特供、食品酒水、家居清洁、美妆个护、家用电器、数字电视线上开户、缴费订购、报修咨询等。"①这些服务既满足了当地居民各方面的需求,也成为融媒体中心"造血"的重要途径。

然而,上述"安吉模式"几乎难以在其他地区复制,其主要原因在于两方面。一方面,对于以城市为主的地区来说,各类线上消费商业平台的覆盖程度非常高,在线支付方式(如支付宝、微信等)的应用场景也非常多,几乎没有为县级融媒体平台留下多少提供商品或服务消费的空间。同时,也因为这些地区选择较多,县级融媒体中心也难以将机关事业单位员工的餐饮等消费接管。另一方面,对于以农村为主的地区而言,尤其是欠发达区域的农村,当地往往没有足够的商品和服务消费资源,市场发育有限,商品流动不够通畅,人们的消费水平也比较有限,如果交通条件也受阻,会进一步加大县级融媒体中心提供这些服务(包括物流)的困难。因此,就课题组调研的情况来看,县级融媒体平台提供的商务服务普遍比较有限。

上海就是上述第一种情况,城市各类商业消费平台和支付方式非常发达,安吉等县级融媒体中心采用的商品及服务消费模式对于上海区级融媒体中心来说基本不可行,上海的区级融媒体中心大多为公益一类事业单位,商务服务的空间更加有限,加之前述一网通办政务平台所提供的服务已经大大超越政务服务,留给融媒体平台的空间就更加有限了,因此,只能"螺蛳壳里做道场",在夹缝中突围②。

例如:黄浦区融媒体中心因区内文旅资源丰富,在其"上海黄浦"App 推出了"景区客流信息实时发布"功能,接入景区客流监测平台,显示区内外滩、豫园、田子坊等上海标志性旅游景点的实时客流情况。虽然市级平台也能提供这类服务,但一方面,区级融媒体平台能够覆盖的本区景点更多;另一方面,区级融媒体平台的功能更为强大,除了显示景区累计人数和最大承载人数以外,还能通过智能视频识别系统(客流眼)显示景点的实时画面,保障公共场所人们的安全。杨浦区由于机动车停车需求较大,所以该区融媒体中心就在其"上海杨浦"App 里设置了"停车信息查询"功能,提供区内所有可供停车的场所实时的车位情况查询,用户只需进入服务入口便能知晓停车地点的车辆进口地址、收费时间和标准、目前空余车位数等,还能通过百度地图直接导航至该停

---

① 陈一,石力月.全国县级融媒体中心发展调研报告 2021—2022[M].北京:中国社会科学出版社,2022:122.
② 郑雯,万旭琪,施畅."螺蛳壳里做道场":城市中心城区融媒体中心深度融合的双重路径[J].新闻与写作,2022(8).

车地点。杨浦区融媒体中心只负责提供平台,不负责收集相关数据,能够保障用户的隐私安全。普陀区融媒体平台则为有开锁、搬家、维修等需求的公众提供区内已备案的可靠平台及人员,公众可通过 App 的接入式端口进行服务预约,一定程度上能够保障居民财产安全。除了常规服务以外,还有区级融媒体中心根据区内举办的重要活动临时接入相关服务,如崇明区融媒体中心就在 2021 年花博会期间设置了"花博"板块,接入"花博商城""住宿崇明"等众多小程序,配合开发的第三方公司直接和花博办包括指挥部有业务合作,相当于将"花博"板块整体打包接入 App 中。

此外,部分区级融媒体中心还参与开发了一类聚合式的区内服务;将生活中各类服务场景打包接入 App,为公众提供一站式服务。例如:"小邻通社区服务"就与几个区平台合作。最早接入该服务的是杨浦区融媒体中心"上海杨浦"App,这一功能主要是服务社区公众,为他们提供包括家政服务、房屋维修、上门开锁、搬家服务、清洗保洁在内的近 100 项社区服务的预约。在该服务接入之初,凡是通过"上海杨浦"App 预约服务的公众还可以享受 95 折优惠及优先处理和优先服务保障。对于公众来说,享受了放心便捷的服务;对于提供相关服务的企业来说,在这个平台上参与服务供给,能够打开市场局面,从而达成平台、企业、公众多赢的效果。因此,后来闵行区、静安区等融媒体中心也都陆续在自身 App 平台接入了"小邻通社区服务"。不过,需要强调的是:"'小邻通社区服务'的定价、入驻商家都需要经过政府审核。换句话说,区级融媒体中心平台提供的'互联网+公共服务'不排斥市场力量的参与,但与完全市场化的服务有区别,市场要素在这里是在政府主导下进行配置的。"[1]这也是区级融媒体平台商务的特殊之处。

从上述实践可以看出,其他服务比政务服务的接入更多样化,与县级融媒体中心在这两类服务中多元协同的基本原则有关,虽然都在一定程度上取决于县级融媒体平台的能动性,但与政府各部门的协同较大程度地受限于现有治理结构与格局,而与其他主体的协同更多遵循双赢原则。

三、交互式平台服务

不少前人研究指出,在数字治理的框架下,公共服务的有效供给需要建立

---

[1] 石力月.上海区级融媒体中心建设发展调研报告(2019—2020 年)[M].上海:上海社会科学院出版社,2020:15.

无边界治理平台或者网络综合/共享平台,它以大数据为基础,运用互联网、物联网、云计算、人工智能等信息技术打破原有割据壁垒,以各供给主体协同合作互动为基础,激发公众参与的积极性,为其提供无缝隙、高匹配度的公共服务。但对于究竟如何激发公众参与的积极性,研究与实践比较有限,尤其是其他数字化治理平台普遍缺乏引导公众参与,大多局限于办事业务,并且停留于单向服务的形式上。

但与受众之间的关系历来是大众传媒实践及其研究的核心关切,对于单向传播的警惕几乎贯穿了媒介迭代的各个阶段,而数字技术的出现不仅前所未有地提升了双向传播的实现程度,而且支持演化出越来越多的形式。2020年印发的《关于加快推进媒体深度融合发展的意见》指出:"要走好全媒体时代群众路线,坚持以人民为中心的工作导向,坚持贴近群众服务群众,创新实践党的群众路线,大兴'开门办报'之风,把党的优良传统和新技术新手段结合起来,强化媒体与受众的连接,以开放平台吸引广大用户参与信息生产传播,生产群众更喜爱的内容,建构群众离不开的渠道。"①对此,胡钰和杨鹏成进一步指出:"为了践行群众路线,实现联系群众、服务群众和指导地方的责任使命,党的基层传播不仅需要使人民群众知晓信息,还要使其理解、接受乃至认同所传达的内容。这决定了县级融媒体中心传播不仅仅是单向的信息流动过程,还是从业者与人民群众的社会交往过程……"②县级融媒体平台的双向传播功能体现在其显著的交互性上,这是区别于其他社会治理平台的一个重要特征,也是媒介化治理除了内容生产以外另一种能够发挥独特功效的形式。

具体来说,目前县级融媒体平台交互式服务主要有几种形式:问政节目、"爆料"和网络社群互动。需要说明的是,本书之所以没有把问政节目归入前述"内容生产"的部分,是为了突出其交互式服务性,即问政节目的服务性主要来自交互性,而不仅来自内容生产本身。

(一)跨平台交互的问政节目

闫文捷、潘忠党与吴红雨(下文简称"闫文捷等人")指出,近年来兴起的电

---

① 中共中央办公厅,国务院办公厅.关于加快推进媒体深度融合发展的意见[EB/OL]. https://www.gov.cn/zhengce/2020-09/26/content_5547310.htm.
② 胡钰,杨鹏成.在地传播:县级融媒体中心建设的人民性与地方性[J].青年记者,2024(07):61.

视问政节目是媒介化治理的创新,"它作为地方党政力量直接催生的产物,是中国推进地方治理过程中一个特有的传播现象。"①他们在对电视问政个案比较分析后认为:"电视问政是媒介逻辑介入地方治理的一种经验现象。首先,电视问政是这个媒介化的政治(mediatized politics)的一部分,体现了中国的政治体制逻辑与媒介逻辑在具体历史条件下特定形态的勾连(articulation)。……其次,电视问政显然是与操控新闻生产、推销领导人政治形象所不同的媒介化治理形态,它将治理过程中不同利益相关方的相互争锋和商议呈现为电视屏幕(或融媒体平台)上的表演。"②他们的研究对象为全国地市级以上的地方电视台及其多媒体平台,与县级融媒体平台有所不同。

闫文捷等人指出:"已有的文献区分了'监督类'和'议政类'电视问政节目。这个分类具有理论价值,因为它对应了两种不同的互动方式和形态,其中所呈现的角色关系,这些关系中所蕴含的规范理念,以及其中不同的交往框架:'监督类'的节目采用了主持人、嘉宾、公众问责和考核政府官员的脚本,'议政类'的节目采取了包容型(inclusive)日常谈话的脚本。"③

目前,全国县级融媒体中心开办的问政节目也包括上述两种形式,但需要区别的是,这里的监督类问政节目与前述批评报道不同的是,在批评报道中,媒体组织往往扮演的是自主的行动主体,而在问政节目中,"媒体组织扮演的是受命协作的角色。"④因为这类节目通常"都是在地方党政领导的直接指示和/或支持下产生的"。⑤ 也正因为如此,与批评报道达成治理结果的不确定性不同的是,问政节目因为得到了县委、县政府和相关部门的支持,所以往往能够达成确定的结果,或者至少得到积极的响应。不过,如闫文捷等人所说,这种前台互动既具有真实性也具有表演性。

近年来,县级融媒体中心也大量地引入了问政节目形式,但与省市级媒体

---

① 闫文捷,潘忠党,吴红雨. 媒介化治理:电视问政个案的比较分析[J]. 新闻与传播研究,2020(11):53.
② 闫文捷,潘忠党,吴红雨. 媒介化治理:电视问政个案的比较分析[J]. 新闻与传播研究,2020(11):43.
③ 闫文捷,潘忠党,吴红雨. 媒介化治理:电视问政个案的比较分析[J]. 新闻与传播研究,2020(11):44.
④ 闫文捷,潘忠党,吴红雨. 媒介化治理:电视问政个案的比较分析[J]. 新闻与传播研究,2020(11):46.
⑤ 闫文捷,潘忠党,吴红雨. 媒介化治理:电视问政个案的比较分析[J]. 新闻与传播研究,2020(11):46.

平台不同的是,因为不少县级融媒体平台常态化设置了"爆料"板块,有些问题可以由平台直接转交给相关部门处理并答复,所以县级融媒体中心实际上是存在问政节目和平台"爆料"这两种监督形式的。不过,问政节目因为是现场互动,所以其反馈时效性通常比平台"爆料"要强,能够做到即时响应。同时,也因为是现场互动,问政节目可以形成你来我往的讨论以及对反映问题的详细展开,因此,问政节目的交互性通常比平台"爆料"更加充分。

在课题组调研的县级融媒体中心中,山东省宁津县融媒体中心开设问政类节目较早,早在 2013 年 5 月,宁津县就开办了一个广播舆论监督节目《阳光政务热线》,所以是有一定经验和基础的。2018 年 12 月,宁津县融媒体中心成立以后就与宁津县纪委、监委、落实办、热线办联合开办了《阳光问政》节目,对于节目中集中反映的问题,由县委直属的落实办监督对应委办局进行解决,并将结果反馈给当事人,从而实现"现场集体问答、线下闭环办理"。与传统电视节目传播方式不同的是,该节目除了在宁津县广播电视台新闻综合频道播出以外,还通过宁津县融媒体中心 App 平台"智慧宁津"同步直播,观看节目的观众能在 App 的节目评论区里与现场进行实时互动,从而实现跨平台交互。此外,其跨平台交互还有另一种形式,由于该节目受到时长和版面的限制,往往难以呈现现场问政的全部内容,并且该场主题可能还有更多的观众想要参与互动,但也因为上述限制而无法参与。因此,宁津县融媒体中心在"智慧宁津"App"阳光问政"板块开设了"我要问政"入口,方便用户随时随地以图文形式发布问政信息,平台收到问题以后会转交给相关委办局,其后续的处理解决方案也会及时反馈给用户。值得一提的是,"平台系统还会通过对各委办局问政回复率、满意度的计算,实时进行'满意度排行'与'回复率排行',充分发挥融媒平台互动优势,做到有反馈、有落实、有评价。此外,该板块还开设了'部门职能'和'部门列表'栏目,帮助用户清楚地知晓遇到什么问题该找谁。"①

当然,不是所有问政节目都以"问政"为名,例如:上海市松江区融媒体中心自 2019 年开始每年都开设的"松江夏令热线"也是问政节目,但它与传统的电视节目形式不同,是以可视化广播的形式呈现。这档节目在每年夏季通常播出 18 期,主要邀请区内各街镇领导参与节目,参与者的准备时间有限,大概在直播前一个小时才能看到采访稿,大致了解需要回答的各类民生问题,一方

---

① 陈一,石力月. 全国县级融媒体中心发展调研报告 2021—2022[M]. 北京:中国社会科学出版社,2022:122.

面能够避免参与者因为完全没有准备而回答质量不高,另一方面也能最大限度地降低节目的表演性。一场直播的长度大约是一小时左右,需要回答公众提出的10个问题,如果现场有公众电话打进来提问,受访者也需要直接回复。以2024年为例,有数据显示,"松江夏令热线""共接到公众反映问题685件,6万人次观看客户端直播,网友留言1 678条,点赞数逾21万次。"[①]松江夏令热线一方面高速响应并化解了公众所遇到的实际困难,另一方面也锻炼了干部队伍素质,提高了他们临场应对问题、厘清思路、处理问题的能力。

除此之外,早在融媒体中心成立之前(2018年5月),松江人民广播电台就开办了"城市精细化管理·听民意集民智"融媒体特别节目,旨在聚焦城市治理"顽疾",解决公众生活中的"急难愁"问题,当时该节目是由区政府办、新闻办以及融媒体中心的前身区新闻传媒中心合办的,融媒体中心成立以后,该节目延续下来,在松江人民广播电台FM100.9兆赫、上海松江微信公众号、松江报等媒体同步推出。该节目每期邀请一位委办局负责人或街镇主任在广播间直接与公众代表进行现场互动,就公众代表所提出的问题进行现场解答,同时也会介绍该委办局或街镇近期工作,因此,兼具监督和议政两项功能。2019年6月,松江区融媒体中心配套推出了"增强'四力',听民意集民智到现场看办理"栏目,通过记者现场跟踪报道,直接向公众展示之前反映问题的解决情况,了解其切身感受。通过上述两档节目的播出,完整呈现了"提出问题—处理问题—解决问题—反馈问题"的全过程,实现了问政闭环。自2020年起,该节目开始用可视化广播的方式来呈现,公众不仅可以通过电台收听节目,还可以通过App看到访谈现场画面,同时,其微信公众号"上海松江"也开设了互动渠道,各类问题的解决情况也会即时公布在微信公众号上,充分体现了媒体融合的优势。

与松江区类似的还有金山区、嘉定区以及闵行区融媒体中心等。金山区融媒体中心从2020年开始,策划推出了一系列民生类访谈节目,如"决胜小康——2020对话街镇书记""打响'上海湾区'城市品牌——2021金山民生访谈""共话十四五——2021区长全媒体访谈"等大型全媒体新闻行动。同样地,嘉定区融媒体中心也于2020年开始推出"我爱我嘉"民生系列访谈节目。这些节目主要邀请各委办局和街镇负责人参与访谈,与公众交流,回应并解决公

---

① 李爽.事事有回音,件件有解决方案! 松江2024年度夏令热线全媒体访谈收官[EB/OL]. https://sghexport.shobserver.com/html/baijiahao/2024/08/06/1395172.html.

众关心的问题,兼具监督与议政功能。闵行区融媒体中心则除了在其"今日闵行"App 平台对区内各委办局负责人进行访谈直播,还在其"广播电台 FM102.7'直播闵行'栏目推出'我来帮你忙'节目,公众可在'今日闵行'App 专题栏目查看完整节目。节目引入大量政务资源,就公众提出的各种投诉、咨询,节目组第一时间联系访问相关部门、单位,同时也会邀请专业的法律人士对事件做出权威解读。"[1]

相比前述"接入式服务"而言,以声画为基础的问政节目更有温度也更具交互性,各主体通过现场或者连线对话,围绕核心议题展开问答,从而形成一个即时交互的协商关系。不过,与其他各类"去中心"的网络交互不同的是,问政节目通常是有中心的,"中心"即节目邀请的嘉宾,通常是委办局负责人或县(区)村(街)镇主要领导等,嘉宾与公众也不是随意交流,而是围绕一个中心话题,在主持人的控场下,按照一定的节目流程进行交流。这类节目的传受关系相对固定,即公众通常为提问者,而嘉宾通常为回答者,尽管在节目过程中,二者关系也可能对调,但这种情况通常出现在反馈环节,如嘉宾征询公众意见等场景。

需要特别指出的是,尽管今天各级媒体都推出了问政节目,但是县级融媒体中心的问政节目与中央及省市级媒体不完全一样。其最大的不同是,县级融媒体中心的问政节目往往有呈现后续问题的处理和解决过程,而上级媒体该类节目虽然也会有问题处理和督办反馈等一系列后续环节,但这个环节往往在后台进行,这与其普遍不同于县级融媒体中心以 App 为核心平台的生产结构有关,县级融媒体 App 平台大多设有讨论专区、相关问题专门的反馈通道等,实质性推进问责与商议的压力存在,会使得前述闫文捷等人指出问政节目"公共表演"的成分降低,从而使得问政节目在县级媒体层面反而更有可能彰显其在社会治理中的效力。

(二)"爆料"互动

1. "前台"与"后台"

与前述分为"监督类"和"议政类"的问政节目不同的是,"爆料"主要属于"监督类",是指便于公众反映问题、寻求解决的功能。需要说明的是,在不同

---

[1] 石力月.上海区级融媒体中心建设发展调研报告(20119—2020)[M].上海:上海社会科学院出版社,2020:172.

区域或不同平台上,"爆料"板块的具体名称各不相同,本书统一使用该名词主要为了方便论述、避免混乱,"爆料"仅指代其功能,不局限其名称。一般说来,"爆料"的入口主要在县级融媒体 App 平台,也有少数在微信公众号平台,但这种情况多出现于县级融媒体中心建设的早期,因为彼时 App 平台的建设普遍有限,尚难以承担相应功能,因此一些县级融媒体中心就将该功能放入了微信公众号。例如:河北省雄县融媒体中心于 2019 年在"雄州之声"微信公众号开辟"回音壁"专题,公众可以通过该入口反映各类问题。

"爆料"与监督类问政节目有两点显著的不同。其一,问政节目往往将公众与基层党政领导、各委办局负责人等节目嘉宾置于同一界面,以可视化的形式呈现其"交锋"过程,而"爆料"则将二者置于不同界面,要么二者均不可见,要么仅公众意见可见。其二,问政节目因为将公众与基层党政领导或委办局负责人置于同一界面,所以能够做到即时反馈,即使某些复杂问题无法当场解决,他们往往也会给出解决期限和预期效果的承诺,即"给个说法"。但"爆料"将二者置于不同界面,"反映问题—研判问题—处理问题—反馈问题"是一个从"前台"到"后台"再到"前台"的过程,这个过程通常有几种情况:县级融媒体平台需要在后台与其他委办局对接,或者与其他平台(例如 12345 便民服务平台)对接,再由其进行任务流转及反馈,极少数问题可由县级融媒体平台直接回应。因此,如闫文捷等人所述,问政节目也有"后台",但它与"爆料"的"后台"含义不同,前者主要是指节目的策划与组织。

截至课题组调研之日,上海的区级融媒体中心均在其 App 平台设置了"爆料"功能,其后台大多是直接与区城运中心 12345 平台合作,这与其城市"一网通办"和"一网统管"的两网融合基础较好有关。但具体到每个区,合作形式与合作程度各不相同,不过基本都突出了"大屏"与"小屏"的互动——"大屏"是指各区级融媒体中心的指挥大屏及部分区级融媒体中心正在筹备或已经设立的数字化治理大屏,"小屏"则是指手机屏。不过,在县级融媒体中心建设初期,平台开设"爆料"功能的上海区级融媒体中心不多,后来在新冠疫情防控期间,由提供市级技术平台的东方网联合全市 16 家区级融媒体中心在其各自的 App 共同上线了"疫情防控工作问题建议征集系统",之后不少区级融媒体中心将这一功能保留下来才改造成为"爆料"板块。

从具体操作形式来看,各区各不相同。例如:杨浦区融媒体中心"上海杨浦"App 平台内的"爆料"功能是对用户一对一开放的,即每个人只能看到自己提交的问题或建议,无法看到其他人的,未提交问题或建议仅作浏览的用户则看不到任何相关信息。App后台收到用户提交的"爆料"以后，由该融媒体中心的网信工作部对接区城运中心的12345平台，12345平台处理完毕以后会将结果转给融媒体中心，再由工作人员回复用户。松江区融媒体中心"上海松江"App的"爆料"板块名为"互动"，与杨浦区不同的是，在"上海松江"App互动板块，公众不仅能将自己反映的问题以"图片＋文字"的形式上传，而且还可以看到其他人反映的问题以及融媒体中心的回复。

　　静安区融媒体中心则由其产品部与运营部中的四五个人组成了专门接热线的团队，但没有成立固定的部门，从融媒体App平台提交的所有问题都由产品部的编辑梳理做好标签，一天之中分上午和下午两次梳理，然后转给12345平台，该平台根据诉求分发给对应街道及委办局，12345平台负责数小时内的回复以及解决完问题之后的回访，融媒体中心不参与后续流程。虹口区融媒体中心"上海虹口"App作为12345平台的另一个前端，公众可在该App相应入口提出问题或意见建议，融媒体中心把收集到的问题和意见建议主要分为两类，一类是融媒体中心相对容易处理的，例如具体指向某个街道的某个问题，中心会直接向该街道反映后在App上给用户反馈留言；另一类则是融媒体中心难以处理的，就会整理后统一提交给12345平台处理，处理完毕之后再给用户反馈。金山区融媒体中心则配备了专门的工作人员回应用户在"上海金山"App和微信公众号提出的问题和意见建议，与虹口区情况类似的是金山区融媒体中心把这些问题收集起来以后进行分类处理，与融媒体中心相关的或者中心能够直接解答的问题就直接回复，舆情类的问题转到网信办，需要其他委办局解决的问题就转到12345平台，等他们处理完毕以后，融媒体中心负责向用户反馈。闵行区融媒体中心则在其"今日闵行"App上专门打造了"问吧"板块，回应用户提出的各类问题和意见建议，能直接回答的问题融媒体中心会直接回复，需要其他委办局处理的，融媒体中心会转交相关部门。与其他融媒体中心流程不同的是，对于不能直接回答的问题，闵行区融媒体中心会成立一个专班，首先研究政策文件及公众提出的问题，并把问题分门别类地进行整理，然后发给相关委办局与街镇的宣传委员，如果解决不了的，专班再申请区级层面来协调解决。闵行区融媒体中心的各类问答会在App的"问吧"板块公开呈现，这样能够方便有同样问题的用户查阅和参考。金山区融媒体中心"上海金山"App与闵行区的设计类似，也打造了"问吧"板块，公众可在该板块向融媒体中心或直接向某委办局提问，值得一提的是，该板块专门设置了一个"满意度"栏目，不但向社会公布各委办局收到的问题数、公众的满意度以及问题的回复率,还依据这三项数据进行排名,一方面能够敦促各委办局不断优化相关工作,另一方面也能增进公众信任,从而更积极地参与其中。

普陀区融媒体中心则将前台与后台的对接联动更推进了一步,将其整合在了一个平台上。在与区城运中心、网信办对接之后,普陀区融媒体中心将App内数据与区社会热点治理平台打通,从而实现了App作为前端收集社情民意——公众可在平台直接上传图文、短视频等线索,社会热点治理平台则作为后端抓取信息——利用大数据监测并核实用户所反馈的问题,核实以后将相关线索派发至各相关委办局进一步解决问题,最后再通过App将问题的处理过程及结果向用户反馈。同时,普陀区融媒体平台热线也与12345公众服务热线打通,以类似上述流程的方式响应。

不过从实际使用情况来看,总体上,目前上海的区级融媒体平台尚未成为公众反映问题和意见建议的主要平台,多数人还是更习惯直接致电12345公众服务热线,除非涉及的是区内一些小问题,不需要联系12345平台解决的,可能会在区级融媒体平台提出。根据课题组的调研,区级融媒体平台最初普遍的设想是将自身作为12345平台的补充或者下沉的互联网平台,其较热线电话的优势在于可图文并茂且不受环境影响地表达,反馈状态、进度与路径往往也更清晰。但从实际来看,很难达到这样的效果:首先,区级融媒体平台"爆料"功能及其入口、操作路径等的公众知晓度往往不及12345公众服务热线,因此,使用其功能的用户比较有限;其次,区级融媒体平台扮演的主要是中介角色,能够直接处理回复的问题比较有限,大部分问题还需通过12345平台流转至各委办局,因此,整个反馈链条实际上是拉长了,从而使得其必要性和便捷性都有所下降。此外,相比其他县级融媒体中心,区级融媒体中心提供这项服务还有一个"天生的缺陷":在城市,人们频繁地跨区行动,例如:不少上班族工作在一个区,生活在另一个区,或者生活在一个区,去另一个区办事,因此,对他们而言,各类问题以及所需服务不是局限在一个固定的区域。但是人们一般不会因此下载若干个区的融媒体App,所以当他们遇到问题,区级融媒体平台未必是一个最好的选择,市级平台可能更为便捷高效。这是城市内部独有的困境,其他县域因为相对独立,边界相对清晰,公众日常生活的大部分行动在县域内开展,这种格局更有利于县级融媒体平台提供相关服务。因此,对于区级融媒体中心来说,如何弥补这种"天生的缺陷",并能有效地与12345公众服务热线错位服务,需要重新评估与设计。

就课题组的调研情况来看，县级融媒体中心的相关功能往往实践空间更大，公众的使用程度更高。四川省仁寿县融媒体中心就是其中的典型例子，它将融媒体平台"爆料"功能不仅仅放在 App 上，而是打通了其中心旗下所有新媒体平台，搭建了统一的"有奖爆料"平台，通过发放一定奖励的方式，鼓励公众表达诉求、参与社会治理。同时，针对公众反映的问题、表达的诉求，仁寿县融媒体中心按照"一交二巡三曝光"的模式进行督办，即首先由融媒体中心将公众提供的信息汇总并进行分类，然后交由 12345 服务平台、县级行政审批局、党政服务中心等平台进行处理。最后，由融媒体中心将相关图文信息及处理方案通过"大美仁寿"App 一一呈现。值得一提的是，起初有些委办局担心"曝光"会给自己带来一些负面影响，但后来发现通过平台监督能够促进问题快速而有力地解决，公众满意度很高，在评论区中给出众多好评，不但没有带来负面影响，反倒提升了部门工作的效力和认可度，于是便有越来越多的委办局加入到与仁寿县融媒体中心的合作中来，形成了良性循环。

2. "爆料"的跨平台融合

这里的"跨平台融合"主要是指县级融媒体 App 平台上收集的问题与意见建议不仅会转交相关委办局处理和反馈，而且其中一部分也会为融媒体中心新闻采编节目制作提供素材，平台上的"爆料"信息作为节目线索，而节目效果也能成为对公众的反馈。这不是两个渠道的简单相加，而是对"反映问题—研判问题—处理问题—反馈问题"闭环流程的拓展和优化，同时也体现了具有媒介属性的县级融媒体平台所具有的独特优势。

例如：甘肃省玉门市由市委和政法委牵头成立了玉门市社会治理中心，为了与之互动，玉门市融媒体中心在"爱玉门"App 设置了"爆料"板块，公众可经由该板块反映问题或提供意见建议，融媒体中心收集整理相关信息以后反馈给社会治理中心，由市委和政法委责成相关委办局进行调研和处理。与此同时，在融媒体中心的传统媒体平台，公众反映的一些重点问题会被追踪报道、制作成"百姓说事"电视节目，例如："2020 年，有人大代表在市'两会'期间建议将 312 国道玉门段进行改道，以减少扬尘、噪声等给公众生活带来的不利影响。玉门市融媒体中心将此作为议题，向群众'撒网'，征集普通居民、商户等不同利益主体的意见，持续制作 10 期专题电视节目，与群众互动 1000 多次，为市委、市政府决策提供参考。最终，综合考察群众意见，市委决定同意'改道'，并拨款 7000 余万元敦促相关部门执行，民意与决策由此形成了良好互动。"①这是另一种形式的跨平台互动,既体现了内容生产的服务性,也体现了其对平台交互式服务的赋能。

河南省项城市融媒体中心也将平台"爆料"与节目制作进行了充分融合,开设了"马上就办"栏目,成为帮助公众解决问题的常态化服务平台,他们只要一有"爆料",栏目便对接相关委办局,并将"后台"处理和解决问题的全过程进行直播,使得公众对问题的处理进展和难点等一目了然。

上海市松江区融媒体中心"上海松江"App 的"爆料"板块名称为"互动",主要由该中心舆情部负责,课题组调研的当下,该部门由 8 人组成,每天 24 小时在线值班接听电话,同时,相关人员也会在线服务。舆情部将不同渠道收集到的问题分成两类,一类相对个体性、个人化的问题经整理后直接转交给相关委办局解决,另一类如果是公众普遍关心并且与公共利益普遍相关的重要问题,新闻采访报道团队就会马上跟进,采访的过程中不仅能揭示问题,而且能发现解决问题的各类方式,为下次遇到类似的问题提供了解决思路。值得一提的是,据课题组了解,松江区融媒体中心之所以把这个板块由舆情部负责,是因为舆论监督是社会治理的重要形式,公众找媒体反映问题的实质是依托媒体平台展开更广泛的监督,如果不报道、不回应他们反映的问题和诉求,其正当利益得不到有效维护,就会对媒体乃至对社会产生不信任,从而引发负面舆情;相反,如果能够及时回应、及时处理、及时反馈,既可能消除负面舆情的发酵,也可能遏制网络谣言的传播。上海市金山区融媒体中心"上海金山"App 的"问吧"板块设置了"观众中来"的栏目,公众既可以在该板块在线发出"投诉""咨询""建议"等诉求,也可以观看该板块近期一些热点问题回音和由部分观众诉求制作而成的舆论监督节目,节目时长一般为两三分钟不等,除了 App 平台以外,公众还可以通过该中心微信公众号、微博、抖音号等平台反映问题,获得同样的反馈。

需要特别指出的是,上述节目不一定都是经由传统媒体平台播出,以金山区融媒体中心为例,它们曾经做过调查,发现"金山报的读者主要通过 i 金山及上海金山 App 阅读,超过一半的受访者通过上海金山 App 观看'金视新闻',手机 App 是收听金山广播 FM105.1 的主要渠道。这表明传统媒体的内容仍具有生命力,但传播平台已经转换,原有的传播载体已不再承担主要的刊载播

---

① 陈一,石力月.全国县级融媒体中心发展调研报告 2021—2022[M].北京:中国社会科学出版社,2022:157.

发任务。这也提示我们，数字化媒体的阅读方式已经成为主流，可以进一步根据现实情况进行有效的资源整合，走好全媒体时代的群众路线，推动主力军挺进主战场。"①

（三）网络社群交互

1."圈子"交流

与其他商业平台一样，县级融媒体平台也具有建立网络社群的功能，但与商业平台的区别在于，其运营是否与商业目标直接挂钩。一般说来，因为商业平台有营利的要求，所以它所经营的网络社群或直接有明确的营利模式，或网络社群本身不直接营利但有助力于营利的运营设计。商业平台的网络社群营利模式一般包括直接推送广告、活动或者实行会员收费制度等，而那些不直接营利的网络社群则往往担负增加用户黏性的任务以及关联营利板块和营利项目向其导流的设计。县级融媒体平台所搭建的网络社群通常既不直接有营利模式，也不关联整个县级融媒体中心的营利目标，与商业平台相同的是它往往也同样负有增加用户黏性的任务，但这种黏性不是服务于营利，而是从社会效益的角度为县级融媒体中心导流，扩大其平台覆盖面和社会影响力。所以尽管从表现形式上来看，县级融媒体平台上的网络社群与其他商业互联网平台上的网络社群有相似之处，但实质上是不同的，前者对这个空间的搭建更具公共服务的意义。

县级融媒体平台上的网络社群主要是以 App 的"圈子"板块来呈现的，与前述"爆料"相同，不是所有融媒体平台的相应板块都名为"圈子"，本书仅用其来指代功能，不表示名称。"圈子"和以前的 BBS 类似，通常分为不同的主题区域，用户可根据所需选择不同的入口进入交流。网络社群具有强交互性，一般包含"点赞""评论""转发"等功能。在课题组所调研的县级融媒体中，有不少在其 App 上开设了这些功能，没有开设这些功能的县级融媒体中心大多是因为人力不够，没有足够的精力做维护。

虽然各个县级融媒体 App 的"圈子"板块设计有差异，但从总体内容上来看，大部分县级融媒体平台的"圈子"是有明确主题划分的，以围绕衣食住行、吃喝玩乐等日常生活类主题居多，少数县级融媒体平台则未做主题区分。在

---

① 新华社. 县级融媒体中心用户到底需要什么？他们收集了 5 935 份问卷[EB/OL]. https://www.sohu.com/a/769068102_267106.

课题组调研过的县级融媒体中心中,有些融媒体平台的主题划分相对固定,有些则会不定期变化。例如:浙江省安吉县融媒体中心(安吉新闻集团)"爱安吉"App 的"圈子"板块有"光影社""畅聊吧""滋味馆""成长营"等主题,这些主题不完全固定,会根据日常生活的变化做一些调整,还会在一些特定的时间节点临时插入一些相关的互动区域,2024 年国庆期间,该板块就增加了"国庆假期躺还是浪"的讨论区。

河南省项城市融媒体中心"项城云"App 上的"圈子"板块分为"随拍随写""曝光爆料""同城车友""早起打卡""夜猫打卡""小马探房""项城美食""求职招聘""寻人寻物""二手买卖"等主题,与"爱安吉"App 不同的是,"项城云"App"圈子"板块的主题相对固定,但在固定的主题之外,该板块会通过不定期推出"推荐话题"的方式对固定主题形成补充,这些话题不属于任何一个固定主题,一般是结合某一时期的热点或者特殊的时间节点设计而成,具有一定的时效性。平台将挑选参与用户提交的优质内容,发放随机现金红包且不限名额,这样能够一定程度地激发更多用户参与的热情。值得一提的是,项城市融媒体中心把"爆料"功能也放在了"圈子"里,但与前述直接对接各相关委办局或 12345 平台的"爆料"板块略有不同,"爆料"放在"圈子"里强调通过"舆论"达成对问题的关注和解决,更强调"前台"的呈现,而前述"爆料"板块更多是"办事"逻辑,更强调"后台"的处理。

此外,值得一提的是,公众在"圈子"里发帖通常需要后台实名认证,有些平台甚至要求精确到用户的具体住址,这样一方面能够对其发帖行为形成一定的约束,尤其是能够一定程度地抑制各类广告营销信息或者垃圾信息、虚假信息泛滥,维持公共空间正常的交流秩序;另一方面,也使得县级融媒体中心可能根据后台数据对"圈子"主题做动态调整,尤其是根据人群特征、社区分布等数据设计一些更具贴近性和参与性的主题。不过,用户的个人隐私安全如何保障,数据安全与数据使用规范对于县级融媒体中心和省级技术平台来说也是一个迫切需要解决的命题。

上海的区级融媒体中心普遍都有"圈子"板块,从课题组的调研来看,目前总体上比其他地区做得要充分一些。它们通常不只是在 App 上开辟几个交流主题,还会在该板块发布一些区内线下活动以提升"圈子"的参与性和交互性。如果说线上交流是"圈子"1.0 的主要特征,那么线上线下联动则是"圈子"2.0 的主要特征。例如:黄浦区融媒体中心"上海黄浦"App 的"黄浦圈"是全市 16 个区中较早开设的"圈子"板块,目前除了"美妆圈""摄影圈""宠物圈""美食圈""公益圈"等主题栏目以外,还在该板块置顶了"演艺大世界"栏目,将区内各种艺术门类的演出信息集成在一起,方便公众查阅。"演艺大世界(SHOW LIFE)是以上海市黄浦区人民广场为核心区域,辐射整个黄浦区乃至上海市中心城区的演艺集聚和产业发展区。黄浦区域内现有专业剧场 22 个,获授牌'演艺新空间'38 家,汇聚了戏剧(含歌剧、舞剧)、戏曲、音乐剧、音乐会等各个门类的艺术表演形式。其中,人民广场周边 1.5 平方公里范围内,正常运营的剧场及展演空间 21 个,密度达 14 个/平方公里,是全国规模最大、密度最高的剧场群。"[1]因此,App 这样的设计既能够凸显区域定位和特点,又能够为线下活动引流,从而也提升了融媒体平台自身的服务性。与黄浦区类似,其他区的"圈子"也多以"摄影""美食"等作为主要主题,与它们对人群覆盖面广且极具交互性有很大的关系。宝山区融媒体中心"宝山汇"App 的"圈子"板块则除了上述各区相同的主题区域以外,还建立了区内各个街道镇专属的圈子,如"高境圈""吴淞圈""顾村圈"等,这些圈子能够加强街道镇内部的联系与互动,从而使得"宝山汇"App 形成了"区—街道镇—社区(通过'社区通'应用)"三级交互的格局。崇明区融媒体中心"上海崇明"App 的"圈子"板块与其他区的不同之处在于设立了一个"小禾帮您忙"主题区域,其中有一个智能虚拟角色"记者小禾",回答用户提出的各类问题。从已有内容来看,这个区域兼具问政、"爆料"、便民服务等多个功能,很难做单一归类,但这种设计简化了用户的使用界面,实用性更加凸显。

目前,上海区级融媒体中心"圈子"板块做得最充分的是闵行区融媒体中心。除了与其他融媒体中心类似的社交型"圈子"之外,闵行区融媒体中心开发的"圈子"还与中心开展的其他业务项目息息相关。2021 年,闵行区融媒体中心推出了五个创新工作室,其中,"健康总动员"工作室专门做医疗细分市场,各部门员工一起来参与;"惠生活"工作室向公众介绍闵行有哪些吃喝玩乐之处;"闵行车圈"工作室做汽车相关内容;"成长学院"工作室则做与青少年相关的内容,因为"教育"一直以来都是闵行区融媒体中心的特色板块,还有一个工作室与街镇分中心有关。上述五个工作室分别对应闵行区融媒体"今日闵行"App 着重打造的几个"圈子":"健康圈""惠生活""闵行车圈""成长进行时"等。和其他融媒体中心不同的是,除了开辟一个专门的"圈子"板块以外,"今

---

[1] 上海市黄浦区人民政府. 演艺大世界介绍[EB/OL]. https://www.shhuangpu.gov.cn/xw/001005/20190926/72c52cfa-3cdd-4543-ae55-636f405f9d9c.html.

日闵行"App还把各主题圈子分门别类与"服务"板块对应起来,例如:在"服务"板块的"教育"主题中,页面上方是相关新闻信息,下方则是"成长进行时"圈子的入口和"学习圈"问吧的入口,这种优化集成的方式既能够使得相关主题更为聚焦,也使得用户使用能够"一网打尽",从而实现"新闻+政务服务商务"内部的相互导流(如图3-1所示)。

综上所述,首先,"圈子"的功能是为公众提供多样化交互的线上公共空间,与其他商业平台上的互动空间类似的是,其部分主题区域是基于"趣缘"构建的。但不同的是,商业平台通常是去地域化的,而县级融媒体平台则是高度在地化的,即使基于"趣缘"构建的圈子也通常具有显著的地域性,例如"美食"圈子通常是围绕本地美食开展的讨论与分享。此外,圈子的高度在地化还体现在一些县级融媒体平台设置了下沉至街道镇或社区的"地缘"圈子。

图3-1 闵行区融媒体中心"今日闵行"App"服务"板块"教育"主题页面

其次,"圈子"不仅为公众提供交互空间,也通过交互提供各类服务,以服务聚合公众、引导参与。从这个意义上来说,县级融媒体App不仅仅扮演"平台"角色,它也是多元交互主体之一,通常通过发起话题、发起活动、答疑解惑等方式来体现。就课题组调研的各地实践来看,一般说来,"圈子"的主题越明确、越具在地性,公众的参与性和交互性就越强;相反,主题相对宏大或者空泛的"圈子"对公众的吸引力和号召力就比较有限,有些"圈子"甚至已经断更许久,名存实亡。

最后,从更深层次看,"圈子"还能一定程度上起到组织基层社会的作用。已有不少研究指出,社会的流动性将个体从熟人社会中剥离出来,并被抛入新的社区,人群的异质程度很高,使得我们的生存空间处于杂糅的状态。今天的基层治理面对的就是这样一个变化了的、复杂的人际格局,尤其是城市以及城市化程度较高的区域,这种社区的陌生化就更显著。而不少研究者也指出,在全球化进程加速的今天,共同体(community)已和地域脱钩。如吉登斯所说,现代社会的脱域机制已经逐步地将人们从其所属的特殊地域"情境"中提取出来①,"现代社会的团体或者说社会联结主要都是些'脱域共同体'(disembeded community)。"②大众媒体是脱域共同体形成的重要场域与机制,但县级融媒体平台的特殊之处在于,它并没有完全将人们从所属的特殊地域"情境"中提取出来,而是既保留了地域性,也具有一定的脱域性,"圈子"板块就是其典型表征,它以地域性作为话题设计的基础,以线上社群化的方式组织基层公众的交流互动,既能够使得原有的地域联结被一定程度地保留,又能够在一定程度上使得超越社区的脱域共同体为地域性注入新的内涵。

2. 交互式基层数字治理平台的嵌入

目前全国不同地区、不同主体开发了一些不同类型的基层数字治理平台,例如:"以行政村为治理单位的福建省厦门市'农事通'、以城市社区为治理单位的上海市宝山区'社区通'和覆盖行政村与城市社区的浙江省衢州市'龙游通'"③等,还有前述福建省尤溪县开发的"尤溪县数字乡村公共服务平台"和上海徐汇区开发的"汇治理"平台等。这些平台既提供了一些相似的服务,也提供了一些个性化的服务。但从课题组调研的情况来看,目前能够实现基层公众社群化互动的线上平台不多,绝大部分平台仅能实现部分在线办事,或者公众与相关部门、机构(人员)一对一、一对多的线上交流。

上海宝山区融媒体平台"宝山汇"App中嵌入的"社区通"小程序是这些平台中社群化互动较为显著的代表性案例之一。"社区通"是由第三方公司(上海鲸邻信息科技有限公司)研发的,是"基于互联网、云计算、大数据技术的一站式社区治理云平台,为居民、社区、政府提供以居村党组织为核心、以居村委会为主导、以城乡居民为主体、相关各方广泛参与的党建引领社区治理云服务。"④目前,这款小程序在全国的应用范围还不太广,主要是在北京、上海宝山区以及山东等地使用。宝山区融媒体中心"宝山汇"App仅负责提供"社区通"小程序的入口,该程序的日常运营管理则不由融媒体中心负责。

如前所述,社群化互动在一些县级融媒体中心的"圈子"板块也有所体现,但基于"社区通"的互动与"圈子"互动有几点不同:首先,"社区通"的互动更加

---

① 安东尼·吉登斯. 现代性的后果[M]. 南京:译林出版社,2011.
② 王小章,王志强. 从"社区"到"脱域的共同体":现代性视野下的社区和社区建设[J]. 学术论坛,2003(6):43.
③ 沈费伟,叶温馨. 基层政府数字治理的运作逻辑、现实困境与优化策略:基于"农事通""社区通""龙游通"数字治理平台的考察[J]. 管理学刊,2020(12):26.
④ 社区通. 平台简介[EB/OL]. https://www.shequtong.cn/about.html.

下沉和精准,不仅可以精准到街道,而且可以精准到小区甚至楼栋,使得公众能够就同一基层治理单元内的各项事务进行有效的沟通与协商,并且能够由"社区通"的"领导小组—居村小组—居民"三级联动工作体系及其与网格化系统、110 接警系统的智能对接得到及时响应与处理;其次,与上述功能精准化相对应的是,"圈子"虽然也需要实名注册,但"社区通"的实名注册更加细化:"社区居民需要通过扫描社区专有二维码,进行实名认证后进入'社区通'平台使用各功能板块。"①在"社区通"中,小区与小区之间是不互通的,只有该小区真实的居民才可以注册进入,其他人无法查看任何信息,有效地保护了居民的隐私安全,同时也强化了社区归属感与认同感。不过"社区通"的互动板块能够显示用户的小区及楼栋信息,便于邻里之间相互识别,有针对性地开展交流。除了社区居民以外,区委办局、街镇园区和村(居)委也入驻其中,"政府部门通过技术赋能,建立了自动收集、分层处置、全程记录、群众测评的问题跟踪系统。针对咨询类问题,区委办局为村(居)委制定了回复指南;针对处置类问题,村(居)党组织牵头协调,开展共治。自治共治能解决的问题,由村(居)解决。'社区通'后台还与网格中心建立密切联系,把难以即时解决的问题纳入网格化平台,生成网格工单进行跟踪处置,确保群众问题得到妥善处理;针对疑难问题,约请相关部门共同商量;针对共性问题,区委、区政府督查室会同相关部门及时研判,督促落实。"②

虽然宝山区融媒体中心只负责在"宝山汇"App 上提供"社区通"小程序的入口,但两个平台之间的关联不止于此,社区居民在"社区通"内所提交的内容,例如一些优秀的社区自治方案,"社区通"会整理并反馈给宝山区融媒体中心,然后中心会派记者跟进采访。因为"社区通"属于闭环管理平台,没有注册的用户无法看到其中内容,所以融媒体中心通过采访报道将优秀案例通过各大平台分发,既可以扩大"社区通"平台本身的影响力,也能够使得优秀的基层治理经验惠及更多的社区和人群。

例如:2021 年,根据《关于构建新时代少先队社会化工作体系的实施意见》,宝山区开展了名为"小先生走进社区大家庭"的活动,包括"文明养宠物""文明晾晒""清理楼道堆物""登门拜访老党员"等内容,参加活动的学生在社

---

① 沈费伟,叶温馨.基层政府数字治理的运作逻辑、现实困境与优化策略:基于"农事通""社区通""龙游通"数字治理平台的考察[J].管理学刊,2020(12):29.
② 何海兵,葛琳.技术基层治理的互动过程与关系重塑:基于对上海市 B 区 S 居民区"社区通"的考察[J].华东理工大学学报(社会科学版),2023(6):101.

区报到后会获得一个"通关护照",学生在线下参加相关活动后,可以用"护照"打卡,然后在"社区通"发帖作为通关信息。此外,"社区通"的交流互动板块还组织学生开展线下的跳蚤市场,交易闲置物品。学生家长直接在"社区通"内成立临时家委会,居委会也会参与其中,一方面能够确保监护人对未成年人各项行动的了解与引导;另一方面使得组织方与实践方能够更好地进行联系与沟通。值得一提的是,这些原来只在"社区通"内呈现的社区活动和自治经验都经由宝山区融媒体中心进行跟踪报道,并被多家市媒转载或进一步报道,最大限度地将活动的社会价值发挥出来,这是其他基层数字治理平台所不具备的县级融媒体平台的独特优势。宝山区的这项活动开展至今,社会影响力越来越大,已成为基层治理的经典案例,"全区7.8万名少先队员到社区报到,'社区小先生'项目还带动11万余名家长参与卫生清洁、堆物清理、垃圾分类、楼组建设等志愿服务,1.1万余名家长通过成立家长智囊团、超人爸爸议事会等形式成为社区骨干志愿者,大大地优化了社区志愿者的年龄结构,也受到了央视新闻、新华社、中国青年报等媒体的关注,获评全国志愿服务'四个100'最佳志愿服务项目、中国(上海)社会治理创新实践十佳案例、上海城市治理实践十佳案例、上海城市基层党建创新优秀案例、上海最佳志愿服务项目、第三届上海青年志愿服务项目大赛金奖等荣誉。"①

然而,如前所述,全国能够像"社区通"一样实现社区互动的基层数字治理平台还不多,目前在上海也仅有宝山区使用,因此,上海的区级融媒体平台中也仅有宝山区融媒体中心的"宝山汇"App嵌入了该小程序。从技术上来说,实现基层的社区线上互动并不难,但它不仅仅是个技术问题,更重要的是各相关主体的关系建立与行动机制的搭建。"圈子"和微信群都能实现交互式服务,但要精准地以社区为单位开展基于社会治理的互动,目前对于县级融媒体中心来说是有一定难度的。

3. 直播带货

直播带货是近些年来借助互联网平台出现的一种新型售卖形式,它通常是以商业平台(如抖音、快手、小红书以及其他电商平台)为阵地,通过主播的实时促销达成产品售出,获得利润。这样的售卖形式"深刻改变了营销链条的构成与流程,一个重要表现就是重构了广告与销售的关系模式,把之前的广告

---

① 上海市宝山区人民政府. 宝山"社区小先生"撬动社区"大治理"[EB/OL]. https://www.shbsq.gov.cn/shbs/bsdt/20240731/393775.html.

与销售分离的关系转变为广告与销售结合的关系。"①目前,已有不少县级融媒体中心提供了直播带货服务,如果对标前述大型商业平台的模式,县级融媒体平台在产品、流量、技术、资本等多方面都有明显的短板,但它与商业平台有本质的不同,不能简单复制商业平台的带货模式,所以需要首先厘清它为什么要带货,应该带什么货以及怎样带货。

如前所述,县级融媒体中心的定位是向公共服务领域拓展的媒体机构,不以营利为主要目标,即使因为差额拨款需要开展一定的经营活动,也主要是为了"造血":一方面实现内部的交叉补贴,另一方面优化提升主要业务。正因为目标不同,"带什么货"和"怎样带货"对于二者来说也就有差异。就课题组的调研来看,主要有以下几个差异。

首先,县级融媒体平台带的货通常以当地农产品或者土特产为主,它们的生产主体多为农户和小微企业。因此,与其他商业平台不一样的是,县级融媒体平台对这类主体通常是不收费或者少收费,不抽成或者少抽成的。很多县级融媒体平台的直播带货是在助力脱贫、解决农产品销路困境或者因其他突发状况带来的各类问题的背景下开展的,所以总体具有显著的公益特征。例如:新疆维吾尔自治区伊宁市融媒体中心就为本地小微企业销售产品建立了合作渠道,开设了电商专栏。云南省富源县拥有丰富的农产品资源,该县融媒体中心就有针对性地举办了助农直播带货活动,且直播带货活动对企业收费,对农民不收费。

其次,县级融媒体平台带货的主播大多是中心的工作人员,或者各级相关部门领导,与商业平台和职业带货主播的关系有着本质的区别。例如:前述云南省富源县融媒体平台开展的直播活动就经常邀请相关部门领导作为带货主播,从而形成"产地直销+权威背书+高性价比"三重优势。新疆维吾尔自治区伊宁市融媒体平台的主播身份则比较多元化,有市领导、乡村第一书记参与,也有本地电商平台和网红大V入驻该融媒体平台。不过,也有少数县级融媒体中心与职业主播或者网红合作带货,且合作模式与商业平台类似,但这种情况一般出现在地方经济相对活跃、县级融媒体体制机制相对灵活的地方,这种情形客观上为县级融媒体中心提供了一定的直播带货空间。同时,根据课题组的调研来看,县级融媒体平台往往因其产品质量和销售流程能够得到保障,具有较高的信誉度,这也是其能够成为一些消费者选择的重要原因。例

---

① 施亚军.直播带货中县级融媒体的角色变化与价值重塑[J].中国广播电视学刊,2020(12):110.

如：浙江省安吉县融媒体中心（安吉新闻集团）就打造了"游视界"小程序平台，由其下属的新绿传媒科技有限公司聘用的职业主播为当地特色产品提供直播带货服务。河南省项城市融媒体中心的直播带货规模比较大，截至课题组调研之时，团队有30余人，孵化主播100余人，该中心开发了"直播电商＋乡村振兴"的模式（为当地农产品带货）、"直播电商＋大型商场"以及"直播电商＋企业"等多种模式。此外，在其"项城云"App里还将"圈本地"小程序接入，同样以直播的形式，供消费者购买本地产品和发放本地商家优惠券。

最后，还有一些县级融媒体中心将直播带货与新闻宣传工作结合在一起，除了直播这种形式以外，还融入了其他内容生产方式，多渠道多角度地完成公共服务，这也是其区别于商业带货平台的显著特征。例如：福建省尤溪县融媒体中心采用图文、短视频、H5、网络直播等多种融媒体形式为当地滞销的农产品带货，并从"脱贫攻坚""乡村振兴"等战略角度出发，围绕带货制作新闻节目，引导社会对相关工作的关注及参与。贵州省石阡县作为曾经的贫困县，其融媒体中心在媒体扶贫方面开展了一系列的实践，该中心在"今石阡"App的"电商服务"板块为贫困农民生产的特色农产品直播带货，与此同时，在配合"阡货出山"（把本地的货卖出去）和"网货进阡"（把外面的货引进来）相关工作时，该平台"利用现场云、主持人出镜等方式深入农产品产地、加工现场、各种展销会以及品评大赛现场进行电视或网络直播，以拍摄、制作具有地方特色产品的短视频或宣传片在各平台有序播放等形式助力消费扶贫工作。"[①]

与传统买卖形式不同的是，直播带货能够实现双方的即时交流，而基于上述三点区别，县级融媒体平台主播对产品的介绍不仅仅包含促销的动机，还包含对本地特产宣介的意涵。同样地，公众的购买行为也不仅仅包含消费的动机，也包含公益扶助以及地方认同的意涵。尤其是与新闻宣传工作的结合，意味着直播带货并非一个独立的板块，而可能成为内容生产的一环，这使其摆脱了单一的经济属性，而具有了多维的社会属性，这是县级融媒体平台的直播带货区别于其他商业平台最为显著的特征。

不过，课题组在调研中也观察到一些有"盲目上马"之嫌的实践：一方面，县级融媒体中心定位和思路不够清晰，简单复制了其他商业平台直播带货的

---

① 陈一，石力月.全国县级融媒体中心发展调研报告2021—2022[M].北京：中国社会科学出版社，2022：213.

基本模式,但公众参与和销售情况不够理想;另一方面,人力物力财力都有一定程度的浪费,对融媒体中心其他板块的建设和中心的社会声誉、社会形象带来了一些负面影响。今天,主要的商业平台不断下沉,纷纷争夺基层市场,这使得县级融媒体中心探索差异化路径的任务更为紧迫,"到底要不要做直播带货?""要做怎样的直播带货?""直播带货与县级融媒体中心整体建设思路之间是什么关系?"都是需要反复思索的问题。

第二节 应急状态下县级融媒体平台的公共服务

一、县级融媒体平台与应急广播体系的对接

近年来,全球范围内无论是自然领域还是社会领域,安全事件、事故灾难和公共卫生事件等呈现多发态势,对公共服务的应急能力带来了严重挑战。因此,公共服务不仅要满足日常状态下的常规需求,而且需要不断回应各类突发的应急需求。就各类社会治理平台来说,应急能力已经愈发成为衡量其水平的重要指标。县级融媒体平台也不例外,一方面,它与国家应急广播体系紧密关联;另一方面,它已经历了不少应急事件的考验,这对其功能的不断完善优化是一个重要锻炼。只有在日常状态和应急状态下都能很好地发挥作用,才能确认县级融媒体平台在社会治理中不可或缺的地位。

应急状态是由突发事件(也称突发公共事件)引发的,它"一般指突然发生,对全国或部分地区的国家安全和法律制度、社会安全和公共秩序、公民的生命和财产安全已经或可能构成重大威胁和损害,造成巨大的人员伤亡、财产损失和社会影响的,涉及公共安全的紧急公共事件。"[①]引发应急状态的因素很多,有自然因素,也有社会因素。因此,突发事件通常分为以下几类:自然灾害、事故灾难、突发公共卫生事件、突发社会安全事件以及经济危机等[②]。

中国于 2007 年 8 月 30 日由第十届全国人民代表大会常务委员会第二十九次会议通过了《中华人民共和国突发事件应对法》,在该法施行 17 年之后,在结合近年来中国应对各类突发事件的治理实践和一些新情况新形势的基础

---

① 薛澜,钟开斌.突发公共事件分类、分级与分期:应急体制的管理基础[J].中国行政管理,2005(2):102.
② 薛澜,钟开斌.突发公共事件分类、分级与分期:应急体制的管理基础[J].中国行政管理,2005(2).

上，2024年6月28日由第十四届全国人民代表大会常务委员会第十次会议对该法进行修订，并于2024年11月1日起施行。值得注意的是，此次修订增加了国家建立健全突发事件新闻采访报道制度的相关内容，明确提出"有关人民政府和部门应当做好新闻媒体服务引导工作，支持新闻媒体开展采访报道和舆论监督。新闻媒体采访报道突发事件应当及时、准确、客观、公正。新闻媒体应当开展突发事件应对法律法规、预防与应急、自救与互救知识等的公益宣传。"①孙起和雷跃捷认为这意味着更加明确了新闻媒体在突发事件治理中扮演的角色，更加明确了政府与新闻媒体的关系，也更加明确了新闻媒体的职业行为及其提供的公共服务②。

应急广播就是新闻媒体实现上述职能的重要渠道之一，它是国家核心的应急信息发布平台，因为"广播电视具有点对面传播的独特优势和调度灵活、接收简便、传播快速的特点，是世界各国普遍采用的应急信息传播方式。"③"当发生重大自然灾害、突发事件、公共卫生与社会安全等突发公共危机时，造成或者可能造成重大人员伤亡、财产损失、生态环境破坏与严重社会危害，危及公共安全时，应急广播可提供一种迅速快捷的讯息传输通道，在第一时间把灾害消息或者灾害可能造成的危害传递到公众手中，让人民群众及时知道发生了什么事情，应该怎么撤离、避险，将生命财产损失降到最低。"④

与一些20世纪就建立起应急广播体系的发达国家相比，中国的应急广播体系建设比较滞后，2013年在4月30日发生的芦山地震中，国家应急广播首次启动应急电台，在震区持续播音30多天。2017年《全国应急广播体系建设总体规划》出台，相关建设全面驶入快车道。该规划明确了"全国应急广播技术系统由国家、省、市、县四级组成，各级系统包括应急广播平台、广播电视频率频道播出系统、应急广播传输覆盖网、接收终端和效果监测评估系统五部分内容。"⑤同时也树立了"到2020年，初步建成中央、省、市、县四级信息共享、分

---

① 全国人民代表大会常务委员会.中华人民共和国突发事件应对法[EB/OL].https://www.gov.cn/yaowen/liebiao/202406/content_6960130.htm.
② 孙起,雷跃捷.新闻媒体在突发事件治理中扮演的角色[EB/OL].https://finance.sina.com.cn/jjxw/2024-10-11/doc-incseivw4357482.shtml.
③ 国家新闻出版广电总局.全国应急广播体系建设总体规划[EB/OL].http://www.cneb.gov.cn/files/total_program.pdf.
④ 崔巨峰.应急广播系统实现概述[J].广播与电视技术,2011(12):41.
⑤ 国家新闻出版广电总局.全国应急广播体系建设总体规划[EB/OL].http://www.cneb.gov.cn/files/total_program.pdf.

级负责、反应快速、安全可靠的全国应急广播体系"①的目标。

在上述建设目标基础之上,2020年11月,国家广播电视总局、应急管理部印发的《关于进一步发挥应急广播在应急管理中作用的意见》提出应急广播要继续下沉,建立纵向到底的"中央—省—市—县—乡(街道)—村(社区)"六级体系。2022年5月,国家广播电视总局印发《全国应急广播体系建设"十四五"发展规划》,进一步"提出了扩大覆盖规模持续完善应急广播体系、强化安全管理规范应急广播运行维护、加强宣传引导及时传达党和政府声音、优化应用布局提高应急广播服务质量、加快创新发展提升应急广播现代化水平5大主要任务和22项重点建设发展项目。"②

从上述系列政策文件来看,县级及以下基层应急广播覆盖的重要性愈加凸显。然而在媒体融合的今天,应急广播体系不再仅仅包括传统的广播电视,要真正做到能够在突发事件中有效应急,还需要有效地对接不同平台,"广播不再是单一的发布主体,可以通过微信、微博、短视频、现场直播、Vlog等多种方式,充分发挥融媒体矩阵作用,打响融合传播之战,针对不同人群的不同需求制作多种形态的应急信息,精确发布,使传播效果得到最大化。"③因此,国家广播电视总局和应急管理部于2021年6月印发的《应急广播管理暂行办法》中明确提出:"应急广播是指利用广播电视、网络视听等信息传送方式,向公众或特定区域、特定人群发布应急信息的传送播出系统。"④也正因为如此,县乡村级应急广播与县级融媒体各平台终端的对接就非常必要。《县级融媒体中心建设规范》已明确二者的对接是县级融媒体中心媒体服务的一部分,即"制作包含应急信息的文字、图片、音频、视频,通过广播、电视、新媒体、大喇叭等渠道进行播发,向公众发布紧急消息,提供信息服务。"⑤按照该建设规范的要求,县级融媒体中心采集汇聚的应急广播消息功能主要包括:"a)支持按照应急广播相关要求,接收应急广播平台的应急广播消息,根据县级融媒体中心调

---

① 国家新闻出版广电总局.全国应急广播体系建设总体规划[EB/OL]. http://www.cneb.gov.cn/files/total_program.pdf.
② 国家广播电视总局.全国应急广播发展实践综述[EB/OL]. https://www.nrta.gov.cn/art/2023/4/6/art_3888_63876.html.
③ 童云,徐文婷,梁秀颀.媒体深度融合中应急广播精确传播与服务[J].中国广播,2021:17.
④ 国家广播电视总局,应急管理部.应急广播管理暂行办法[EB/OL]. https://www.mem.gov.cn/gk/zfxxgkpt/fdzdgknr/202108/P020210827658223854495.pdf.
⑤ 中共中央宣传部,国家广播电视总局.县级融媒体中心建设规范[EB/OL]. http://www.nrta.gov.cn/art/2019/1/15/art_114_43242.html.

度指令和应急播出预案,采用文转语、主持人念稿、音视频播放、字幕插入等多种方式在部分或全部频率频道节目中播出应急广播信息;b)支持应急广播信息编辑处理后,在网站、微博、微信、客户端等新媒体系统播发;c)支持将应急广播消息的接收、处理等情况反馈至应急广播平台。"①

在课题组调研中,福建省尤溪县早已建成应急广播"县—乡—村"三级联播联控系统,在突发事件的对农传播中起到了很重要的作用,与应急广播系统对接的大喇叭还提供方言播报,使得村民即使在田间地头也能准确无误地接收各类相关信息。同时,尤溪县融媒体平台"智慧尤溪"App上的"应急广播"入口也能向公众及时传播国家—省—市应急广播平台或者县级疫情防控相关部门的应急信息,从而做到基层应急传播无死角。

陕西省蓝田县融媒体中心则启动了"三屏一声"(即电视屏、电脑屏、手机屏和应急广播)全媒体生态建设项目,打通县—乡—村三级传播链条。该项目由陕西广电网络公司负责技术保障,蓝田县融媒体中心统一调控村里的广播终端,常态下定时定点推送各类应急相关科普知识,应急状态下则及时传递各类应急信息。

山东省宁津县融媒体平台"智慧宁津"App也有应急广播入口,但与其他地区不同的是,宁津县将应急广播与新时代文明实践中心建设结合了起来,建成了新时代文明实践广播,能够兼顾常态与应急播出需要,"实现与国家、省、市互联互通,功能共享,随时接入应急许可频道,以实现应急信息的精准、即时传播。"②此外,通过宁津县的"智屏融合"项目,还能够将该广播接入电梯屏幕、公交车载屏、站台屏、户外大屏等,从而实现了更广范围、更多形式的融合传播。"2021年7月,宁津县汛期和8月漳卫新河行洪期间,'智屏融合'项目及时播出汛情和行洪预警,农村新时代文明实践广播通知沿河村民及时撤出河滩,城区主要路段的4块户外大屏及时播放即时消息,"③全面提升了应急效能。

然而,如甘肃省玉门市融媒体中心主任李增军所言,目前应急广播体系仍是以信息的下达为主,还没有完全建立起基层突发状况上传的渠道和机制。他认为,如果整个上传下达的农村应急广播体系建立起来,解决公众身边的问

---

① 中共中央宣传部,国家广播电视总局.县级融媒体中心建设规范[EB/OL]. http://www.nrta. gov.cn/art/2019/1/15/art_114_43242.html.
② 陈一,石力月.全国县级融媒体中心发展调研报告 2021—2022[M].北京:中国社会科学出版社, 2022:31.
③ 陈一,石力月.全国县级融媒体中心发展调研报告 2021—2022[M].北京:中国社会科学出版社,2022:31.

题,应对各个村组的突发状况,这套系统就会更实用便利一些。从这个意义上来说,目前的县级融媒体中心建设只达成了与应急广播体系之间横向的双向传播,还没有达成纵向的双向传播。

不过,对于县级融媒体平台来说,与应急广播体系的对接,只是发挥其应急服务功能的一个渠道,从近年来的一些实践可以看出,其自身平台及其与上级媒体平台、省级技术平台以及跨地区县级融媒体平台的联动往往能够使其在应急状态下发挥更大的作用。

二、作为应急服务的内容生产

从广义上讲,应急状态下面向公众的所有内容生产均具有公共服务的意义,但如果仅仅停留在这个层面,不足以厘清应急状态下的信息传播与常态下的信息传播究竟有什么区别。因此,需要将研究聚焦于那些直接有助于降低社会威胁、损害、危险等负面影响的内容生产,它们是县级融媒体平台在应急状态下提供公共服务的基本形式,也是那些接入式服务有限的县级融媒体平台最重要的应急形式。

本书将按照前述突发事件的主要分类,围绕一些具体实践案例进行分析。

第一类是自然灾害。中国是世界上自然灾害最为严重的国家之一,灾害种类多,分布区域广,发生频率高,造成损失重。因此,如习近平总书记所说:"同自然灾害抗争,防灾减灾、抗灾救灾是人类永恒课题。"

根据国家防灾减灾救灾委员会办公室和应急管理部2019—2023年[①]发布的全国自然灾害基本情况统计,洪涝、台风、地震几乎是每年最严重的自然灾害。因此,本书主要针对这些灾害情境下县级融媒体的应急内容生产进行分析。

2024年6月下旬,湖南省持续多天强降雨,汨罗江水位暴涨。6月30日至7月2日,平江县遭遇有气象记录以来持续时间最长、强度最大、雨量最多的汛情。7月2日凌晨,汨罗江干流平江县城段水位高达77.67米,超警戒水位7.17米,为近70年以来最高水位。平江县融媒体中心根据气象部门的预报,提前将记者队伍兵分十路,分赴各乡镇、街道,及时从现场发回防汛抗灾报

---

① 县级融媒体中心建设启动自2018年10月,因此本书主要选取了2019年至写作之日最新年份(2023年)期间的数据。

道。随着汛情的加剧,融媒体中心各平台开始 24 小时滚动播报汛情,应急广播也同时发挥作用,用平江话向基层公众喊话,及时传递防汛信息,保障安全。7 月 1 日晚间,平江县融媒体中心受灾,滞留的中心领导、主持人、数名记者在被冲锋舟接走之前合力于一楼被淹的楼梯间完成了"本台报道本台被淹"的现场报道。这篇报道后来引起了强烈的社会反响,不但冲上了热搜,而且全网相关话题综合阅读量将近 4 亿次。

由此能够看出县级融媒体中心在突发事件中行动的几个显著优势。第一,作为基层媒体,县级融媒体中心能够快速抵达事件发生的现场或者直接身处现场。这是中央及省市级媒体所不具有的物理空间优势,尤其是较为偏远的县域,上级媒体短时间内往往难以抵达现场。因此,通常情况下,它们都会选择与县级融媒体中心合作,以现场连线的方式或者由后者提供新闻资料。例如:此次平江汛情灾情期间,平江县融媒体中心就向中央广播电视总台、新华社、人民日报、湖南卫视、湖南日报等媒体传输一手新闻资料,刊发报道 100 余篇。同时,也因为这种物理空间优势,县级融媒体中心更具下沉性,能够在突发事件中发现和挖掘出更多以小见大的内容,在应急状态下达成强有力的社会组织和社会动员效果。第二,也正因为具有物理空间优势,县级融媒体中心的内容生产往往具有无可比拟的心理接近性。尤其在突发事件中,因为县级融媒体中心熟悉当地自然环境、社会特征,所以更能够找到适宜的应对方式,前述应急广播用当地方言传递防汛信息就是一个典型的例证,既能够与公众迅速拉近心理距离、增强信任感与亲切感,又能够帮助部分普通话交流有障碍的公众及时准确地获知信息。第三,县级融媒体中心能够协同多元平台生产内容,形成立体化传播攻势。对于突发事件来说,媒体融合的优势尤其凸显,在应急状态下,县级融媒体中心的"一次采集、多种生成、全媒传播"能够使得传播效果倍增。在此次平江汛情中,24 小时滚动更新的汛情信息是通过平江县融媒体中心"今日平江"公众号、视频号、App 等共同发布的,文字、图片、视频、音频齐上阵,充分发挥各平台优势,形成一个立体化的媒介空间,为多元主体在抗灾救灾中发挥作用提供链接场景。

与洪涝类似的是,台风也多发于每年的 7—9 月。中国是一个台风多发的国家,基本上每年都有台风,主要影响东南沿海的一些省份。台风是一种复杂的气象系统,其生成、移动和演变的过程会受到很多因素的影响,因而难以准确预测,这就对相关信息的实时跟踪与即时生产提出了很高的要求。如今,经由气象部门的支持,许多平台都能及时甚至实时发布台风变化的相关信息,但对于公众来说,他们通常更关心的是自己所在区域的台风信息,而非仅仅了解其整体演变路径。因此,县级融媒体平台的相关内容生产就非常重要,只有它能提供在地化的深度跟踪:"台风来临前,县级融媒体中心按照预案发布台风警报,报道人员转移等避灾措施,检查抗台物资和避灾场所是否准备到位;台风来临时,记者冲上一线,用摄像机、手机、无人航拍机实时传回洪水肆虐、交通中断、房屋倒塌、山体滑坡等灾难景象,帮受困者发出求救信息,呼唤并鼓励救灾力量冲锋;台风之后,县级融媒体中心成体系报道与推进垃圾清扫、卫生防疫、群众安置、企业复工等工作,表扬好人好事,传播抗台救灾正能量。"①

应急广播在台风天也发挥了重要的作用。例如:2024年9月,台风"贝碧嘉"登陆,对中国福建、浙江、上海、江苏、安徽等地造成了明显的影响,因为台风引发的灾害形势不断变化,所以安徽省太湖县融媒体中心从9月16日起,每天上午、下午、晚上通过全县2300多个应急广播固定终端滚动播放防台防汛信息。此外,县级融媒体中心其他多个平台也会以视频、图文等形式共同进行24小时滚动直播,同时也向中央及省市媒体供稿,不但能够使得本地公众及时知晓台风影响以及需要采取的必要措施,而且能够通过上级媒体渠道扩大灾害形势的传播范围,从而使得本地以外的、必要的援助力量能够及时地汇集而来,避免出现极端情况,降低危险、减少损失。

此外,县级融媒体中心在台风天的社会动员组织功能也很重要,它既要动员组织人们共同抵御台风,又要动员组织人们积极参与灾后重建。2024年9月6日,超强台风"摩羯"正面袭击文昌。根据气象部门的跟踪预测,文昌市融媒体中心在台风登陆前就开始了社会动员,9月5日在其微信公众号"文昌发布"和App"云上文昌"发文《灾后"威马逊"文昌人民应铭记的惨痛教训》,以视频和图文的形式再现了十年前"威马逊"台风对文昌造成的惨痛损失,以此呼吁广大市民"不要掉以轻心",提前做好防御台风"摩羯"的相关工作。调动记忆是一种有效的说服手段,视频与图文的呈现形式直观且生动,能够有效地再现记忆场景,从而有效地达成说服效果。关于台风的记忆是一种典型的在地性集体记忆,作为地方基层媒体,县级融媒体中心有丰富的在地内容素材。因此,在呈现这种在地性集体记忆方面具有无可比拟的优势。此次"摩羯"台风如气象部门预测的那样确实破坏力很强,给文昌带来了严重的损失。文昌市

---

① 夏学民.探索四大社会功能 塑造全能型"突击队"[EB/OL]. http://www.zja.org.cn/zja/system/2019/09/04/031888521.shtml.

融媒体中心先于9月8日推出"重建家园,我们全体'动'起来"系列报道,后于9月11日开始每日发布"灾后重建简讯",及时发布各个领域的灾后重建进展,既有利于动员公众的积极参与,也有利于恢复他们的信心。

而地震的预测比洪涝和台风更困难,后者能够提前几天预知,但地震目前的预测时间只能以"秒"为单位。根据专家的说法,这首先是因为地震的统计规律难以形成,预测方法难以得到验证;其次是因为地震发生在地下深处,我们迄今不能实际观察在震源里发生了什么;再次是因为中国地震多发的区域自然条件受限,不利于开展系统观测①。

四川省是中国地震频发的区域之一,2022年9月5日12时52分,四川省甘孜州泸定县发生了6.8级地震,震源深度16千米,这是中国自2018年县级融媒体中心启动建设以来所发生的震级最高的地震之一。四川省位于中国五个地震区之一的青藏高原地震区,而泸定县位于中国23个地震带之一的康定—甘孜带,属于地震活动相对较为活跃的地带。"预测困难"叠加"地震活跃"的状况使得当地的县级融媒体中心生产地震相关内容与其他突发事件有一个显著的不同,即将地震相关内容进行常态化的生产。例如:早在"9·5泸定地震"发生之前,泸定县融媒体中心"泸定之声"App和同名公众号都会不定期地发布避震自救知识,对公众进行常态化地科普。此外,泸定县每年都会开展抗震救灾应急综合实战演习,该县融媒体多平台都会对其进行详细报道,使得未亲身参与的人们也能由此进一步强化防灾减灾的意识,通过图文和视频等多手段习得相关方法。同时,该县融媒体各平台还会介绍其他区域的防灾减灾经验,为本地各相关单位、机构以及普通公众提供可资借鉴的信息。这样一来,县级融媒体中心通过上述内容生产构筑了一个常态化的预警信息空间。

"9·5泸定地震"发生以后,该县融媒体中心密集地在其多个平台上发布相关信息,并在App上建立了"9·5泸定6.8级地震"专题,将相关信息汇总在其中,既能够使得公众避免漏看相关信息并方便查阅,又能够形成一个醒目的标识,强调该事件的重要性,引发社会关注。值得一提的是,该地震过去两年之后,该专题依然存在,其中除了当年地震发生之时抗震救灾的相关内容以外,还包括灾后漫长的、持续至今的各项重建工作相关信息。这就凸显了县级融媒体中心内容生产的一个重要特征:追踪性。因为地震(尤其是震级较高、

---

① 申旭辉,孙士鋐. 世界性难题!地震预报究竟难在哪儿?〔EB/OL〕. https://m.thepaper.cn/baijiahao_25722253

破坏性较大的地震)的灾后重建工作往往比其他类型的自然灾害更复杂,因此,追踪性的报道就尤为重要。一方面,能够持续呈现重建进度,逐步修复灾害所造成的社会创伤,例如:"泸定之声"App的"9·5泸定6.8级地震"专题先后发布了"安置点的故事""震后一个月""重建美好家园""重建泸定奋斗年""重建泸定收官年"等系列报道,对该次地震及灾后重建进行了全过程跟踪,这也是在地的基层媒体的优势所在;另一方面,发出捐款捐物、志愿者行动等倡议以及挖掘其中的典型人物、事件等,以此广泛而有效地组织动员灾后重建的社会参与。

第二类是事故灾难。它"主要是指重大交通运输事故、各类重大安全事故、造成重大影响和损失的城市生命线事故、核辐射事故、重大环境污染和生态破坏事故等"。[①] 虽然洪涝和台风等自然灾害的变化形势在今天依然难以精准预测,但对它们的发生预警已经不是难题。相比之下,事故灾难的发生更为突然,不确定性更大,即使某些事故灾难发生前已有端倪,但如果没有及时发现或者处理,也有可能让人措手不及,这是此类事故与自然灾害的不同之处。因此,能否在事故灾难发生之后尽快让公众知晓,形成正确的社会引导,从而有效地控制继发风险非常重要。

2024年5月1日凌晨,广东省梅大高速大埔往福建方向K11+900米(茶阳路段出口方向2千米左右)附近发生高速公路路面塌陷事故,该事故是由自然灾害引发的重大交通运输事故,因此救援难度显著叠加。大埔县融媒体中心"大埔发布"公众号连发多篇报道,既有对事故现场情况的图文报道,也有整理新闻发布会的重点内容,如伤者救治情况和此次救援的难点与风险点等。更重要的是"大埔发布"公众号及时发布了关于高速路事故段双向封闭以及路线改道的通知,以及对志愿者、爱心人士献血的报道和倡议。因为此次事故灾难发生于"五一"假期第一天,高速路上行驶的车辆较多,所以事故造成的后果也非常严重,引起了广泛的社会关注。各级各类媒体平台都有对事故现场和新闻发布会的报道,但县级融媒体平台的差异性在于,它是发布与事故灾难相关的各类在地化服务信息的最佳平台。因为无论是事故的后续影响还是所需救助,最直接关联的就是当地人。例如前述献血倡议最主要的动员对象就是事发地点附近或者便于抵达事发地点的公众,县级融媒体平台的发布范围更

---

① 薛澜,钟开斌.突发公共事件分类、分级与分期:应急体制的管理基础[J].中国行政管理,2005(2):103.

加聚焦,受众对象也更加匹配,如果发布在上级媒体平台反而更容易被海量信息稀释甚至遮蔽,并且目标受众失焦。此外,与自然灾害报道相同的是,县级融媒体平台地理空间与心理层面的接近性优势,以及融媒生产所构筑的立体化传播攻势,使其报道在应急状态下容易脱颖而出,无可取代。

第三类是突发公共卫生事件。县级融媒体平台的不可取代性在此类事件中更为突出。近年来最典型的案例是全球暴发的新冠疫情。

2020年初新冠疫情暴发之时,全国大部分县级融媒体中心刚成立半年到一年左右的时间,整体处于起步阶段,疫情的突如其来既使其经受了很大的考验,但同时也使其得到了锻炼,其应急能力得到了加速成长。

最初的新冠病毒具有隐匿传播且传染性强的特征,因此在最初阶段,国内外最重要的内容生产都是通报社会面的感染情况,这是媒体的基本功能"监测环境"在应急状态下最主要的表现形式,它对于判断疫情形势和行动决策来说非常重要。

以上海为例,2020年因为全市感染人数和感染面比较有限,所以在相关信息发布上,区级融媒体平台还没有扮演特别重要的角色,相关数据主要由市级平台统一发布,这也是由直辖市的特殊之处决定的——市对区的覆盖与县和市的相对分离不同,因而非市辖区的县的相关数据通常是由县级融媒体平台发布的。但是如绪论所言,2022年的情况有所不同,一方面,由于新冠肺炎毒株的变异,其传染性增强,短时间内感染人数激增;另一方面,也因为人数激增、病例覆盖了上海全域,海量的感染信息仅在市级层面汇总发布就变得不现实了。所以当年的3月19日,市级平台"上海发布"果断向各区级融媒体平台(主要是其微信公众号)分流,有效而精准地实现了信息下沉。在这个阶段,强化了以"区"为单位的报道和服务,客观上提升了区级融媒体中心在应急状态下的不可替代性。

有一类报道在疫情防控阶段能够起到监测环境的作用,即对各级相关部门防疫政策、通告、决定及其变动的报道。因为在应急状态下,许多相关政策和决议是根据突发形势的判断临时推出的,也会因为形势的变化而变化。例如:执行办法的变化,临时政策的出台,复工复产的安排等。它们与常态下政策与决议的核心区别就在于后者具有较强的稳定性(既指状态上的稳定,一般不会频繁变动,也指其适用时长一般不会太短),而前者通常是临时的、阶段性的,并且只适用于应急状态。

除了上述发布以外,还有一类信息在突发公共卫生事件中具有典型性,即科普信息。在新冠肺炎疫情暴发的最初阶段，人们对这项疾病的了解比较有限，所以此时媒体需要与专业主体合作，全媒体生产大量权威而及时的科普信息，既要介绍该病的症状、传染渠道，也要介绍科学的防护和消杀措施等。

例如：2020年上海松江区融媒体中心专题部和广播部联合推出了"主播战疫 我们同行"系列短视频，由该中心的主播向公众宣传与防疫有关的各类注意事项。青浦区融媒体中心则推出系列线上课堂，指导公众从多个方面进行科学防疫，每期节目都采用直播宣讲与互动答疑的形式，节目结束后，公众还可以在青浦区融媒体中心平台"绿色青浦"App中回看。

其他地区的县级融媒体中心也根据本地实际情况生产了多种多样的防疫抗疫科普内容。云南省富源县融媒体中心专门开设了"众志成城 团结奋进 抗击疫情"专题专栏，将相关信息整合在一起，提高传播效力，同时也增强了内容的服务性。与城市地区不同的是，富源县拥有广大的农村地区，其主要传播渠道还是以传统媒体为主。因此，该县融媒体中心录制了具有本地特色的疫情防控宣传音频，还通过广播和流动宣传车进行广泛宣传，尽可能做到防疫信息的全覆盖。新疆维吾尔区伊宁市融媒体中心除了常规的信息发布以外，还专门针对少数民族、残疾人和儿童等不同群体，拍摄了一些维语版和手语版的防疫短视频。福建省尤溪县融媒体中心则充分发挥自身强大的内容生产能力，除了为本地做好疫情防控新闻宣传以外，还生产了大量面向全国的内容产品，"其中，原创动漫产品《战'疫'日记》系列作品在新华社客户端开设专栏，《战'疫'日记——方舱医院抗'疫'24小时之雨夜接诊》被中宣部全网推送；短视频《武汉记'疫'》获第三十一届中国新闻奖三等奖、2020年度福建新闻奖一等奖。"[①]

2022年之后，虽然上海的区级融媒体平台还会生产相关科普信息，但彼时人们已经从各类媒体平台上了解了不少相关知识。因此，科普信息已经不是这个阶段的生产和传播重点了。此外，疫情不仅影响身体健康，也会影响社会交往，因而在这个阶段，不少县级融媒体中心针对生产生活可能遭遇的各种影响开设了各种主题、各种形式的便民服务类节目。

例如：上海市松江区融媒体中心与各委办局合作共同推出了多档系列节目，涉及"依法防疫""消费维权"等主题。金山区融媒体中心也联合司法局开展防疫法律知识宣传的广播节目，联合区文明办推出关于未成年人心理疏导

---

① 陈一，石力月.全国县级融媒体中心发展调研报告2021—2022[M].北京：中国社会科学出版社，2022：12.

的广播访谈节目。针对疫情影响中小学生到校上课的情况，一些区级融媒体中心联合教育部门，以直播的形式提供在线教育服务。金山区融媒体平台"上海金山"App 推出了"在线教育"板块，与上海市教委统一开设的"空中课堂"同步，包含从小学一年级至高中三年级的教学内容，有直播也有回看功能，方便学生随时使用。杨浦区融媒体平台"上海杨浦"App 和浦东新区融媒体平台"上海浦东"App 也提供了同样的服务。

与上海类似的是，河南省项城市融媒体中心在 2020 年也开设了"名师空中直播课堂"，从而保证了本地 18 万中小学生能够"停课不停学""离校不离教"，最大限度降低了疫情对学校教育教学的影响。此外，项城市融媒体中心还开设了面向全年龄段的"同城直播"课堂，包含书法、亲子、绘画、摄影、舞蹈、心理等方面的内容，充实了他们的居家生活，观看人数累计近亿人次。

江苏省溧阳市融媒体中心针对企业招工难的问题，"纵向联合人社部门，推出'职等你来'直播送岗节目，邀请企业走进直播间，将急需招聘岗位通过广播、短视频、线上直播等方式推介给广大求职者。横向跨省与安徽省临泉融媒体中心合作，共同开设《临泉人在溧阳》全媒体宣传栏目，全面报道临泉籍务工人员在溧阳的工作、学习、生活情况，招工引匠，服务发展。"①

新疆维吾尔自治区伊宁市融媒体中心联合伊犁州心理咨询协会，在调频广播 1016、农村广播、抖音号、手机台等平台开设了"心路驿站""心理家园"等心理疏导类节目，制作播放心理调适公益宣传片，对公众进行情绪抚慰和心理疏解。同时，该中心推出了"宅家才艺 show 起来""运动战'疫'"系列活动，吸引不少人在线参与互动，有助于消除人们长时间居家带来的一些生理和心理上的不适。

还有一类内容，相比之下似乎不具应急性，但也是在应急状态下推出的特殊服务，即利用媒体直播的形式实现云体验。例如：2020 年上海市虹口区融媒体中心在其官方微博和"上海虹口"App 同步举办了"春花烂漫何处望，小虹邀你云里赏"在线云赏花活动，把虹口区内和平公园和鲁迅公园里的春花繁盛之景摄入镜头，既满足了人们在春天里的赏花愿望，又避免了人员线下聚集发生感染的风险。松江区融媒体中心以现场直播的方式推出区内辰山植物园的夜间云赏花活动，人们可通过"上海松江"App 观看。宝山区融媒体中心则在顾

---

① 陈一，石力月. 全国县级融媒体中心发展调研报告 2021—2022[M]. 北京：中国社会科学出版社，2022：185.

村公园等赏花处开展了"宝山春光,樱你而美"主题的云赏花全媒体直播活动,公众既可以通过"宝山汇"App、上海宝山门户网站观看直播,也可以在其微信公众号观看回放。上述并非一般意义上直接的应急服务内容,但它们通过将一些常态的线下体验线上化,让人们的体验能够不受应急状态的影响,从而达成准常态服务的效果。在这个意义上,它们可以被看作间接的应急服务内容。

三、内容生产以外的各类应急服务

对于媒体机构来说,"内容生产"是其在应急状态下发挥独特作用的核心方式,但对于县级融媒体中心这种从单纯的新闻宣传向公共服务领域拓展的新型媒体机构而言,需要考虑如何在应急状态下将二者更好地相融。

不过,不同类型的突发事件情形不同。一般说来,突发事件历时越长、严重程度越高,社会对各类服务的需求就越多。就前述各类突发事件来看,相比之下,自然灾害中震级较高、破坏性较大的地震与突发公共卫生事件对各类服务的需求较多,但二者的区别在于,地震发生以后,抗震救灾的思路是把公众尽快转移到安全地带,使之尽可能恢复正常的生活状态。而根据中国《突发公共卫生事件应急条例》的解释,突发公共卫生事件"是指突然发生,造成或者可能造成社会公众健康严重损害的重大传染病疫情、群体性不明原因疾病、重大食物和职业中毒以及其他严重影响公众健康的事情。"[1]因为突发公共卫生事件通常具有传染性或者其他扩散风险,所以可能依法"迅速控制危险源,标明危险区域,封锁危险场所,划定警戒区,实行交通管制、限制人员流动、封闭管理以及其他控制措施。"[2]人们在地震中获救并转移到安全地带以后,获得各类服务相对容易,而在突发公共卫生事件中,人们的行动往往受限,这就意味着他们获得各类服务的难度相对较大。此外,自2018年县级融媒体中心启动建设以来,还没有发生过对当地日常生活造成大面积、全方位、持续性影响的大地震,因此据课题组观察和调研,县级融媒体中心各平台在已发生的几次地震中所提供的服务是比较有限的,仍以相关内容生产为主。突发公共卫生事件则不同,县级融媒体平台在新冠肺炎疫情防控期间提供了不少服务。

---

[1] 国务院.突发公共卫生事件应急条例[EB/OL]. https://flk.npc.gov.cn/detail2.html?ZmY4MDgwODE2ZjNjYmIzYzAxNmY0MGQ2ZmQzYzA2YTA.
[2] 全国人民代表大会常务委员会.中华人民共和国突发事件应对法[EB/OL]. https://www.gov.cn/yaowen/liebiao/202406/content_6960130.htm.

因为是突发事件,所以疫情留给社会反应和准备的时间有限。因此,具有充分应急能力的公共服务保障就显得尤其重要,而这其中许多功能可以经由县级融媒体平台得到实现。

如前所述,因为一些县级融媒体平台在疫情暴发之前就已经接入了各类服务办事功能,这使得它们能够在疫情暴发以后迅速启动和叠加应急功能。

例如:2020年,四川日报报业集团推出了"四川云21183+N"项目,为全省21个市州和183个县区提供服务。"疫情期间,该项目为省内市、县融媒体中心提供了'疫情热搜''疫情求助''云教育''云医院''云维权''云旅游'等12项服务,并利用AI等技术手段,实现了用户线上需求的24小时随时响应;防疫工作常态化之后,在省委宣传部的指导下,该项目还组织各融媒体中心共同举办了多次线上活动,从'宅家'作品征集到助农直播",①从而实现了省、市、县资源三级互通。

2020年,上海市嘉定区融媒体中心在"上海嘉定"App内推出了线上买菜、线上预约等各类功能,其中包括清明节期间推出的集体祭扫、网络祭扫、代客祭扫等服务。对于确需现场祭扫的公众,该融媒体中心还在App内推出了"预约祭扫平台",实行"限量预约、约满为止、分时祭扫"的措施。在疫情形势好转以后,融媒体中心还推出了实名预约游览紫藤园的系统。黄浦区融媒体中心在"上海黄浦"App和微信公众号针对区内丰富的红色旅游资源推出了预约功能。闵行区融媒体平台"今日闵行"App也上线了"七宝老街景点在线预约"通道。上述预约功能既满足了游客的游览需求,又通过分时段限流的方式最大限度地避免人员聚集,交叉感染。

2022年,上海普陀区融媒体中心运营部联合区商务委在"上海普陀"App开设了"普陀区生活物资信息发布平台",前者负责搭建平台、发布信息、宣传推广,后者负责提供可靠的物资购买渠道。在此基础之上,"区融媒体中心运营部在物资和配送最吃紧的时候,积极拓展保供渠道,会同各街镇分中心一起开展'普陀融媒进社区 助力保供在行动'活动,网友可以通过区融媒体中心提供的社区团购渠道或者'上海普陀'App积分兑换等方式获得蔬菜套餐。"②

此外,不少地区还开发了疫情防控期间集成各类服务的专门平台。这些

---

① 陈一,石力月.全国县级融媒体中心发展调研报告2021—2022[M].北京:中国社会科学出版社,2022:73.
② 张成妍.坚持"新闻+服务" 普陀区融媒体中心在战疫中强化社区服务功能[EB/OL]. http://www.shpt.gov.cn/shpt/jujiao/20220513/841090.html.

平台的开发主体多元,有的由县级融媒体中心开发,有的由省级技术平台开发,有的由政府部门和第三方公司合作开发,还有的则由其中几个主体共同开发。无论开发主体是谁,它们最终都嵌入了县级融媒体平台,由后者提供入口,便于人们使用。例如:前文提及上海市徐汇区融媒体中心"徐汇通"App 的"汇治理"平台就是在 2020 年疫情防控期间推出的,它是由徐汇区大数据中心联合徐汇区行政服务中心、城市网格化综合管理中心、市场监督管理局等部门共同开发的。该小程序先后推出了 1.0 版本和 2.0 版本,1.0 版本主要提供口罩预约、企业线上会议、复工复产申请等方面的服务。2.0 版本则主要在疫情得到有效控制以后,为中小学复学、企业复工提供后续各项保障,以及核酸检测预约等服务。如今,"汇治理"已经服务于日常性的使用,并且在原来的基础上不断地丰富应用场景,深度介入了基层治理过程。

山东省宁津县融媒体中心的"智慧宁津"App 接入了由县大数据服务中心开发的"疫情掌上通"软件,可提供疫情相关信息的实时查询。此外,"智慧宁津"App 还链接了县发改局"政策直通车"和县人社局"网络招聘"等网络服务板块,为疫情期间找工作有困难的公众提供便捷有效的线上渠道和资源。

浙江省安吉县融媒体中心的"爱安吉"App 则于 2022 年初开设了"防疫求助平台",人们关于防疫政策、赋码规则、核酸要求等方面的问题都可以在平台上提出,部分问题融媒体中心可直接回复,融媒体中心无法直接回复的问题则提供相关部门联系方式供提问者联系。

如前文所述,城市的区与区之间、区与市之间的关系非常紧密,因此上海市 16 个区级融媒体中心经常联动①,尤其在一些重大主题下,常常由省级技术平台东方网牵头联合推出一些相关服务,疫情防控期间也不例外。例如:"2020 年 2 月 7 日中午 12 时,16 个区级融媒体中心 App 同步上线《抗击疫情 上海在行动》抗'疫'服务聚合类新媒体产品。抗'疫'服务聚合类新媒体产品由上海市级统一技术平台东方网联合上海 16 个区级融媒体中心制作,腾讯新闻、阿里云、清博大数据提供支持。2 月 16 日,上海市 16 个区级融媒体中心全部开通疫情防控工作问题建议征集渠道,面向群众征集疫情防控工作问题建议,统筹梳理基层社会存在的问题,迅速联系有关部门、单位反馈处理。"②如

---

① 区级融媒体中心之间的联动不一定每次都是 16 家集体上阵,有时就只有其中几个区参与,主要取决于活动主题以及发起方的商议,但疫情相关的联动服务通常都是 16 个区共同参与。
② 石力月.上海区级融媒体中心建设发展调研报告(2019—2020 年)[M].上海:上海社会科学院出版社,2020:13.

此联动的意义在于,一方面,它能够实现许多跨区服务,打通区域壁垒;另一方面,各区融媒体中心联动能够共享一些数据信息,以实现更加便捷有效的服务。尤其由东方网牵头,还能够实现平台和数据的市区两级互联互通。到了2022年,16个区级融媒体中心的联动形式更加多样,例如:各区级融媒体中心在其App平台联合推出了"区融抗疫专栏",将原本散落各处的防疫信息与相关服务聚合在一起,提供"一站式"服务。此外,16个区级融媒体中心还与东方网联合直播"上海市新冠肺炎疫情防控新闻发布会",并与新时代文明实践中心共同推出各区志愿者招募服务等。

此外,很多县级融媒体中心会在疫情防控期间开通各种形式的对农帮扶服务,或为他们提供销售平台,或直播带货,或为他们"牵线搭桥"。例如:浙江省安吉县融媒体中心(安吉新闻集团)"爱安吉"App平台上的"游视界"小程序打造了各地农产品一键预约销售的模式,破解了农产品购销的难题。江苏省溧阳市融媒体中心的微信公众号"融溧阳"开设了"我是栗小农"栏目,帮助农户和农企销售产品。上海市静安区融媒体中心在2020年通过直播帮助该区对口支援的贫困地区推销农产品,甚至还远赴对口支援的云南文山州开展网络帮扶直播。崇明区融媒体中心则为区内蔬菜种植基地与区外社区和企业搭建交易平台,帮助受到疫情影响销售受阻的蔬菜种植基地渡过难关。

基层是应急管理的第一线,是突发事件处置的第一现场和前沿阵地,但同时,基层的应急水平也相对薄弱,需要进一步提升。无论从功能定位还是近年来的实践看,县级融媒体中心都成为基层应急管理中不可替代的角色。基层治理包括县、乡、村三级治理,在2024年6月28日修订的《中华人民共和国突发事件应对法》里,明确规定了县级人民政府对基层应对突发事件所负有的责任。县级融媒体中心既是帮助县级人民政府应对基层突发事件的重要抓手,也是通联上级媒体获得更广泛的社会关注与援助的重要渠道。不过,无论从国家的媒介体系还是应急管理体系来看,如果在突发事件中仅仅将县级融媒体中心的功能角色定位于"内容生产"是不够的。作为融媒平台,它能够将内容生产与各类服务充分融合,承担应急功能,这也是它区别于其他平台的独特之处与优势所在。

第四章　县级融媒体平台参与社会治理的机制

尽管《县级融媒体中心建设规范》明确提出县级融媒体中心要从单纯的新闻宣传向公共服务领域拓展,但这不是一个"建成"就能"达成"的目标。前一章呈现了县级融媒体平台参与社会治理的形式,这些形式的共性在于都是多元主体共同作用的结果,而不是县级融媒体平台仅仅依靠自身能力就能达成的结果。因此,本章在第三章的基础上进一步讨论其行动机制,即讨论县级融媒体多元主体如何共同作用,达成了怎样的行动关系,从而使得公共服务能够在县级融媒体平台上实现。本书将多元主体分为纵向与横向两个维度,其中,纵向维度主要包括上级媒体机构、省级技术平台、村(街)镇融媒体分中心(包括通讯员队伍)等,这是一个对应从中央到地方各治理层级的体系;横向维度则包括县级各委办局、企事业单位以及省内外其他县级融媒体中心等。纵横两个维度构成了县级融媒体平台参与基层治理的整个支持系统。

第一节　纵向三级主体支持的内容生产机制

如绪论所述,县级融媒体中心建设既是国家媒体融合整体战略的一环,也是国家治理体系和治理能力现代化建设的一环,因此,对其分析不能脱离这两个基本的结构定位。在这样的结构定位中,县级融媒体中心位于一个纵向三级主体支持的体系之中,它们的共同作用使得县级融媒体平台内容生产既能够向上借力,也能够向下扎根。

一、县级融媒体平台与上级媒体平台的双向支持

上级媒体平台主要是指中央级与省市级主流媒体所建立的平台，县级融媒体平台与之既有固定合作，也有临时合作。临时合作多样，差异性与变动性明显，难以一概而论，因此，本书主要讨论固定合作机制。不少前人研究认为，县级融媒体中心主要承担在地化传播的功能，但一方面，从已有的实践来看，一些县级融媒体中心已经突破了本地区域，实现了跨域传播，甚至国际传播；另一方面，在地化并不意味着划定一个封闭的传播边界，相反，对外树立形象、建立合作、获得支持能够反哺在地化传播。

县级融媒体中心与省市级主流媒体的关系，一方面是通过依托后者建设省级技术平台建立的，这个部分将在后文专门讨论；另一方面，主要是通过县级融媒体中心入驻省市级主流媒体平台号的形式达成。县级融媒体中心与中央级主流媒体的合作也主要有两种形式，一种是央媒搭建专门的平台系统性助力县级融媒体中心建设，例如新华社"县级融媒体专线"和中央广播电视总台"全国县级融媒体智慧平台"，另一种则是县级融媒体中心入驻央媒平台号。

新华社县级融媒体专线于 2019 年 9 月 10 日正式上线，它的上线是为了解决县级融媒体中心建设过程中面临的权威、优质内容供给不足等问题。它"精选新华社精品稿件，开通集文字、图表、漫画和音视频于一体的多媒体发稿线路通过供稿网站、RSS、FTP 等互联网接口，连接用户内容生产系统或发布端。构建以新华社综合新闻资讯为基础，区域化本地化对象化新闻资讯为特色，'现场云'聚合资源为补充的内容结构。"[①]新华社县级融媒体专线除了向县级融媒体中心提供内容以外，还向它们提供移动生产智能加工技术和跨区域、跨终端协作报道平台，形成主题策划、联动采访、集中加工、全网分发的报道模式。此外，该专线还推出了县级融媒体中心培训计划，帮助其全面提升融媒转型的水平和能力。从专线的设计来看，它是一套双向的综合系统，新华社利用自己在内容、技术和人才等方面的优势赋能县级融媒体中心建设，同时，能力得到不断提升的县级融媒体中心也向新华社提供丰富的基层稿件，提升所在县域在全国乃至全世界的可见性。

---

① 新华社.新华社县级融媒体专线[EB/OL]. http://nis.xinhuanet.com/2020-07/28/c_139246256.htm.

课题组调研的石阡县就是新华社对口扶贫县,其融媒体中心由新华社重点援建。其行动具体表现在:"在技术方面,帮助建设智能管控平台、'今石阡'App客户端,融媒体中心平台同时接入新华社的媒体大脑,接入了新华社舆情监控'睿思系统',能够对网络平台基层舆情事件进行有效研判。此外还为中心记者团提供'自如应用4G'背包,创新了报道技术和报道形式。新华社通过授课、人才培训等方式定期对中心全员进行融媒业务培训,通过'借力'新华社的专业人才团队,中心实现本地生产力团队的孵化。"[1]与此同时,石阡县融媒体中心还"接入新华社县级融媒体中心专线公告库,在新华社App地方频道板块宣传夜郎文化、温泉文化、旅游景点、特色小吃等特有地域文化,同时也使用新华社'现场云'直播了大量有关脱贫攻坚的奋斗历程和动人事迹。"[2]借助新华社的平台,石阡县的在地化内容生产获得了大量的关注,获得显著的溢出效应。这是一个"输入—输出—输入"的过程,即上级媒体资源"输入"县级融媒体中心,县级融媒体中心在外部各类资源的加持下不断提升内容生产能力,然后向上级媒体"输出"高质量的在地内容,这些内容在上级媒体平台呈现传播力倍增,传播力有助于提升该县域的知晓度、影响力,它们会为县域的发展"输入"更多机会与资源,同时也有助于优化其社会治理环境。

海南省文昌市融媒体中心也与新华社合作,由其负责在技术系统开发、内容供应、融媒运营联动、人才队伍培训、国际传播推广等方面提供支持。此外,文昌市融媒体中心也会与新华社共同策划活动,由该中心负责本地新闻素材的采集,依托新华社智能化生产融媒产品,然后联动《海南日报》、南海网等省内媒体进行传播推广,从而建立起明确而有效的"央—省—县"三级联动传播体系,大大提升了文昌市融媒体中心的传播力。

中央广播电视总台全国县级融媒体智慧平台于2019年2月19日正式上线,它是"基于央视新闻移动的平台应用,在其客户端'央视新闻+'开设'最前沿县级融媒体'入口,从节目研发、技术支撑、内容分发、媒资共享等方面为县级融媒体中心进行全方位赋能,助力县级融媒体中心形成渠道丰富、覆盖广泛、传播有效、可管可控的移动传播矩阵。"[3]从功能目标来看,该平台与新华社

---

[1] 陈一,石力月.全国县级融媒体中心发展调研报告2021—2022[M].北京:中国社会科学出版社,2022:208.
[2] 陈一,石力月.全国县级融媒体中心发展调研报告2021—2022[M].北京:中国社会科学出版社,2022:209-210.
[3] 中央广播电视总台."全国县级融媒体智慧平台"暨央视网新版全终端正式上线[EB/OL]. https://news.cctv.com/2019/02/19/ARTIejmGGarMgT9G5pEmvn8l190219.shtml.

县级融媒体专线扮演的角色及运营逻辑差不多,都是一套立体化的支持系统。

新华社县级融媒体专线和中央广播电视总台全国县级融媒体智慧平台是对基层媒体实践的深度介入。相比之下,县级融媒体中心入驻中央及省市级主流媒体平台号就比较简单,平台号通常是指后者的移动新媒体聚合平台,例如央视号、人民号、学习强国号、上观号等。对于县级融媒体中心来说,入驻各平台号意味着借力上级媒体平台,开启了一个专属的对外(即县域之外)传播通道,这是一个内容双向选择的过程,县级融媒体中心需要考量自身对外传播的目标和内容,即希望达到什么样的传播效果,上级媒体平台也需要考量基层内容与平台要求及调性的匹配度。此外,双方也需要突破仅仅将平台号作为既有基层内容传播通道的思路,而要进一步提升平台号内容的策划性和联动性,即根据平台特性策划、整合相关主题或专题,与入驻平台的其他主体以及平台本身开展多样化的联动,从而进一步激活现有内容资源、生产力以及平台号在提升基层社会能见度方面更大的潜能。

二、省级技术平台对县级融媒体平台的系统性支持

2019年,由中宣部与国家广电总局联合发布的《县级融媒体中心省级技术平台规范要求》和《县级融媒体中心建设规范》中都明确提出了"一省一平台"的要求,按照相关文件的描述,省级技术平台是指:"为县级融媒体中心媒体服务、党建服务、政务服务、公共服务、增值服务等业务开展提供技术支撑、运营维护的省级云平台"[①]。按照上述规范要求,"省级技术平台应覆盖全省,与省域内县级融媒体中心实现互联互通、信息共享、协同互动。"[②]具体来说,它有三个任务:"a)为省域内县级融媒体中心的业务开展提供云端服务和技术能力支撑;b)为省域内县级融媒体中心的业务开展提供基础资源支持;c)为宣传管理部门提供宣传管理和内容监管的技术支撑。"[③]

国家之所以提出以省级技术平台支持县级融媒体中心建设和发展的思路

---

① 国家广播电视总局. 县级融媒体中心省级技术平台规范要求[EB/OL]. http://www.nrta.gov.cn/art/2019/1/15/ar t_114_43242.html.
② 国家广播电视总局. 县级融媒体中心省级技术平台规范要求[EB/OL]. http://www.nrta.gov.cn/art/2019/1/15/ar t_114_43242.html.
③ 国家广播电视总局. 县级融媒体中心省级技术平台规范要求[EB/OL]. http://www.nrta.gov.cn/art/2019/1/15/ar t_114_43242.html.

方案,至少有两个重要的现实考量。第一,给县级融媒体中心减轻建设负担。县级融媒体中心普遍存在技术、资金、人才和基础设施等方面的短板,如果单由其自身完成融媒体平台的搭建和运维,对于大多数县级融媒体中心来说难以达成,至少短期内很难。而建设省级技术平台,按照卜宇与丁和根的观点:"可以充分发挥省级媒体在融合实践方面的经验优势,快速满足县级融媒体中心建设的技术要求,协助县级融媒体中心开展媒体融合业务,实现资源信息共享、区域协同发展,为县级融媒体中心在宣传服务、融媒体内容策划、党建服务、政务服务等方面提供完整的技术支撑手段。集约建设省级技术平台并支撑各县级融媒体中心,较各市县独立建设可以极大节约开发成本、技术成本和人力成本"[1],从而使得县级融媒体中心能够更快更好地按照国家部署建成和运转。第二,保证可管可控,数据安全。县级融媒体中心的生产与服务会沉淀海量的重要数据,这对数据安全提出了很高的要求。如果县级融媒体中心与第三方公司合作开发 App,因为自主权有限,可能存在一定的数据风险;如果由省级技术平台开发,可以实现完全意义上的自主可控。此外,省级技术平台"借助大数据、云计算、人工智能等技术,充分发挥宣传管理、内容监管、舆情监控、传播分析等功能,可实现对全省移动新媒体舆情的实时监测、实时管控,快速消除有害信息的负面影响,提升对新媒体、融合媒体的监管能力"[2]。

然而现实情况比较复杂,各省技术平台建设速度不一样,大部分省级技术平台是在国家启动县级融媒体中心建设以后才着手打造的,但承担河南省县级融媒体中心省级技术平台的河南广播电视台早在 2015 年就启动建设了大象融媒云计算数据中心,经过不到一年的建设,2016 年上半年就上线了"融媒云"。这样的准备基础既是后来该省县级融媒体中心建设选择"融媒云"作为省级技术平台的原因,也是它在县级融媒体中心建设之初就具有相当的成熟度,能够做到高度统一化——统一开发 App 并统一以"云上+县(市)名"为各县融媒体中心命名,此外还能承担统一运维——的原因。除提供图 4-1 所示媒体服务类功能、支持内容的本地分发传播以外,该系统还支持县级融媒体中心将内容上传"融媒云",实现对外更大范围的传播,提升其内容影响力。同样地,江苏省级技术平台"荔枝云"是 2015 年建成的,天津市级技术平台"津云"是 2017 年建成的,这些云平台都不是专门为县级融媒体中心打造的,而是早

---

[1] 卜宇,丁和根.县级融媒体中心建设全国坐标与江苏经验[M].南京:南京大学出版社,2022:9.
[2] 卜宇,丁和根.县级融媒体中心建设全国坐标与江苏经验[M].南京:南京大学出版社,2022:8.

在2013年国家出台《关于加快推进媒体深度融合发展的意见》后就部署建设了，这一方面使得它们在支持县级融媒体中心建设时已经比较成熟，另一方面也使得省内纵向、横向协同相对更加容易。

而相比之下，上海东方网承建的市级技术平台（下文称"上海平台"）在区级融媒体中心刚成立时没有那么成熟，因而无法达成统一性——区级融媒体中心刚成立时，其中有一部分并未与上海平台对接。为使全市16个区级融媒体中心都能对接上海平台，东方网整合了各区的媒体资源和生产要素，重构了"策、采、编、发、库、营、评、管"等媒体服务系统流程，使各区级融媒体中心都能以"租户"的方式在上海平台"拎包入住"。按照这一模式，上海区级融媒体中心建设包含了"一个平台""2＋16个客户端"和"三个层级"，其中"一个平台"是指省级技术平台上海平台，包括采集中心、指挥中心、文稿中心、素材中心、发布中心、运营中心、数据中心、用户中心八大中心，能够满足从舆情分析、线索资源汇聚、稿件策划、采编发流程支撑、采编力量协同、全媒体内容生产、内容智能写作、全媒体资源管理、内容多渠道发布、传播效果监测反馈、绩效考核、领导决策指挥等环节的全业务需求[①]。

截至课题组调研之日，还有些省级技术平台迟迟没有建好或者短期内难以完全实现规划中的功能，对县级融媒体中心的支持比较有限。

从图4-1可以看出，"媒体服务类"是省级技术平台对县级融媒体中心建设的核心支持功能，它是一套融媒体内容生产支持系统，可以实现"一次采集、多种生成、全媒传播"。也正因为如此，省级技术平台多见于依托省级主流媒体建设而成，其中不少是依托省级广电建设而成。例如：江苏省县级融媒体中心的省级技术平台是江苏省广播电视总台所建"荔枝云"平台，安徽省县级融媒体中心的省级技术平台是安徽广播电视台所建"海豚云"平台，山东省县级融媒体中心的省级技术平台是山东广播电视台所建"闪电云"平台，江西省县级融媒体中心的省级技术平台是江西广播电视台所建"赣云"平台，湖北省县级融媒体中心的省级技术平台是湖北广播电视台所建"长江云"平台等。因为在传统媒体里广电机构的技术门槛较高，技术能力普遍较强，并且具备从文字到视频的生产能力，这是其显著的优势。有的则依托省级报业（一般为其旗下的媒体技术公司），还有一些则是多方共建，例如：天津市的市级技术平台"津云"是由《天津日报》、天津广播电视台、《今晚报》、北方网等主流媒体共建而成

---

① 徐世平.县级融媒体中心建设的上海方式[J].网络传播，2020(2).

的。而四川省级技术平台则融合了媒体与其他主体,是由四川广播电视台、中国电信股份有限公司四川分公司、华为技术有限公司等共同打造的"熊猫云"平台。上海的市级技术平台则是采用了"主管部门(市委宣传部)和主流新兴媒体(东方网)共建统一技术平台"的模式,即上海市委宣传部通过购买服务的方式完成区级融媒体中心市级技术平台的建设。

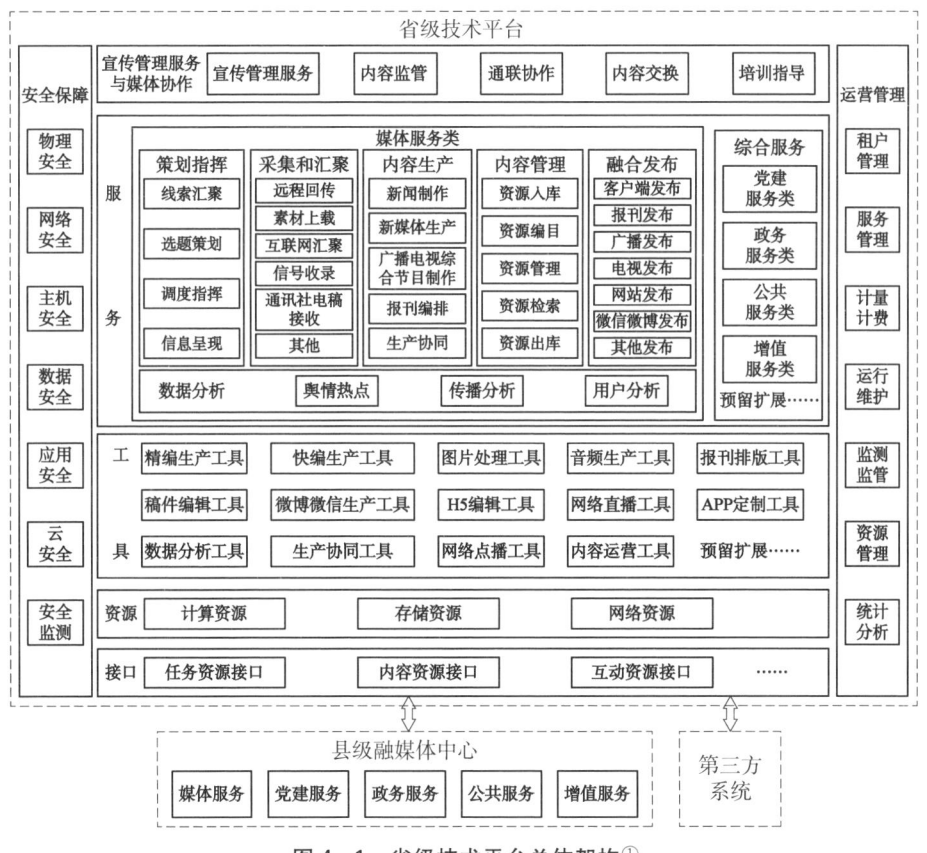

图 4-1 省级技术平台总体架构①

不过,无论对于县级融媒体中心还是提供省级技术平台建设的省级媒体来说,内容生产都是其核心基础业务,因而省级技术平台对这块业务的支持(即媒体服务类)相比之下是最为成熟和充分的。在其他服务功能的开发程度

---

① 国家广播电视总局.县级融媒体中心省级技术平台规范要求[EB/OL]. http://www.nrta.gov.cn/art/2019/1/15/a rt_114_43242.html.

上,各地差异比较明显。

虽然前述河南省"融媒云"平台能够做到将省内县级融媒体中心App开发和运维高度统一化,但对于项城市融媒体中心来说,截至课题组调研之日,该平台所开发的"云上项城"App能够提供的服务功能相比该融媒体中心另一个App"项城云"还是有明显差距的。据课题组调研了解,该中心同时拥有两个App是因为,"项城云"App是项城市融媒体中心前身早在2016年便委托第三方公司开发的产品,彼时国家还没有启动县级融媒体中心建设,因此并没有统一对接省级技术平台的要求。经过几年的使用,"项城云"App无论在用户数量上还是提供的生活服务功能上,都具有无可比拟的优势。而"云上项城"App是该中心根据国家要求由省级技术平台开发的App,但由于"项城云"App拥有强大的用户基础,所以"云上项城"App的实际使用相对有限。但值得一提的是,"云上项城"因为是由省级技术平台开发的App,在打通各部门资源、接入统一服务等方面更具优势,而"项城云"App因为是由第三方公司开发的平台,它所提供的服务以生活服务类为主。陕西省蓝田县融媒体中心也有类似的情况,早在省级技术平台建成之前,蓝田县融媒体中心就通过引进山东电视台"轻快云"融媒体工作平台打造了"蓝田手机台"App,待陕西省级技术平台"秦岭云"建成之后,按照国家相关要求,由其开发了"爱蓝田"App。据课题组调研了解,相比之下,"蓝田手机台"App更能实现个性化定制功能,而"爱蓝田"App则更能提高新闻采编的效率。然而,虽然目前二者从业务上能够一定程度地达成互补关系,但是同时使用两个App也可能给用户使用带来不少麻烦,同时可能造成县级融媒体中心资源分散、成本上升。此外,两个App并存可能造成分流效应,使得它们谁都难以做大做强,App对各类功能最显著的集成化优势也难以体现出来,从而影响平台公共服务的效果。

而如前所述,与多数省级技术平台是由一个主体打造不同的是,四川省的技术平台"熊猫云"是由省级媒体与本地电信、商业技术公司合作搭建的。这种颇具创新性的合作能够为县级融媒体中心提供各类服务叠加诸多优势:一方面,电信公司能够利用通信传输网络方面的优势,有效对接各类服务平台;另一方面,商业技术公司的加入能够提升县级融媒体中心在攻克技术难关方面的能力,同时还能为云计算、人工智能、超高清等新技术在县级媒体融合发展实践中的运用创造条件。

在上海,前述由东方网打造的"一个平台""2+16个客户端"中的16个客户端指的是东方网为16个区级融媒体中心打造的专属App。但在建设之初,东方网对16个区实现的个性化服务程度有限,各中心App都采用了市级统一模板,接入了市级相关部门打造的一些服务功能,具体情况见表4-1所示。

表4-1 上海各区级融媒体中心App统一模板的公共服务功能

分类	板块	服务提供方
生活服务	垃圾分类查询	上海市绿化和市容管理局
	景区客流查询	
	餐饮安全查询	上海市食品药品监督管理局
	家电维修信息查询	上海家用电器行业协会/上海电子产品维修服务行业协会
	空气质量查询	上海市生态环境局
	上海天气查询	
教育服务	入学信息查询	"上海发布"制作,各区教育局提供信息
	幼儿园入园政策查询	
	义务教育入学信息	上海教育政务新媒体
	民办教育机构查询	
	家门口好学校	
人口服务	户口审批查询	上海市公安局人口办
	身份证办理查询	上海市公安局人口办
	居住证办理查询	上海市公安局人口办
	房产户口查询	上海市公安局人口办
	落户审批查询	上海市公安局人口办
	属地派出所查询	上海市公安局人口办
	新生儿重名查询	上海市公安局人口办
交通服务	停车信息查询	
	路况查询	上海市路政局、上海市城乡建设和交通发展研究院
	交通违法查询	上海交警App
	公交实时到站查询	上海市交通委员会信息中心
	航班查询	上海机场(集团)有限公司
	交通卡余额查询	上海公共交通卡股份有限公司

由表4-1能够看出,市级技术平台对县级融媒体平台的支持不仅仅在技术上,它还能够带动一些市级公共服务资源的进入,尤其在各区联动,甚至跨域联动提供服务的时候,省级技术平台聚合资源、协调关系的能力是作为个体的县级融媒体中心难以达成的。例如:在课题组2019年第一次调研时,上海市区级融媒体App平台均设置了"垃圾分类查询""餐饮安全查询""家电维修信息查询""空气质量查询""上海天气查询"等生活服务入口,它们是由市级政务平台"上海发布"与上海市各委办局为区级融媒体平台统一提供的。虽然后来随着各区融媒体App平台个性化程度越来越高,这些条目的位置、排版等已有较大不同,但内容变化不大。

综上所述,省级技术平台是县级融媒体平台实现"新闻+政务服务商务"功能的基础设计,它的作用机制体现在两方面:一方面是对县级融媒体平台的技术支持,主要包括基于全媒体生产流程的媒体服务类技术支持与基于App开发的综合服务类技术支持;另一方面是对县级融媒体平台的服务资源支持。不同地区的省级平台技术支持机制差不多,但服务资源支持机制则各有不同,二者共同构成了省级技术平台对县级融媒体平台的系统性支持。

三、融媒体分中心和通讯员队伍对县级融媒体平台的向上支持

设立村(街)镇融媒体分中心①和建立基层通讯员队伍,本质上是县级融媒体中心沿着国家基层治理结构下沉基层社会的有效举措。一些前人研究认为,村(街)镇融媒体分中心是县级融媒体中心向下支持的表现,帮助村(街)镇融媒体分中心和通讯员队伍开展专业培训,帮助他们获得在上级媒体发表作品的机会,以及通过村(街)镇融媒体分中心直接为基层带去更多的资源。例如:2019年10月,上海市青浦区融媒体中心重固镇分中心与阿基米德传媒有限公司开启战略合作,共同推动广播节目及新媒体内容生产、经营流程的机制创新,着力打造微广播品牌电台。随着该项目的深入发展,重固镇提出了微广播要实现"进乡村、进社区、进企业"的"三进"全覆盖目标,即:做优做亮一家镇级广播电台,做实做强线下村居广播室,并在部分企业、商铺中安装推广微广

---

① 具体名称各地有差异,有些也称为"基地"等,其主要形式和功能都大同小异,本书为了方便论述,统一采用"融媒体分中心"的名称。

播。通过该项目的建设,使得整个传播系统能够精细化地深入基层社会,同时也锻炼了基层传播系统的应急能力。

不过,更重要的是,融媒体分中心和通讯员队伍对县级融媒体平台构成了一种向上的支持——不仅为县级融媒体平台提供了丰富的基层报道素材,而且为其服务的有效下沉发挥了中介作用。传统的公共服务一般是自上而下单向提供的,所以常常会出现供需不匹配的情况,其中一个重要的原因就是缺少自下而上的反馈。村(街)镇融媒体分中心和广大通讯员队伍共同构成了基层社会的反馈渠道,它们既能够上情下达,也能够将基层需求向上反馈,从而实现供需的精准对接。

具体来说,县级融媒体中心通常都是将村(街)镇融媒体分中心矩阵化,纳入县级融媒体平台统一管理,它们在本质上与通讯员队伍没有什么区别,但具有更高的组织性与固定性。从形式上看,与前述平台号的入驻类似,但从具体机制来说,它们的合作关系比平台号的入驻更深入。一方面,村(街)镇融媒体分中心能够提供更为系统、丰富的内容素材;另一方面,县级融媒体中心通常与分中心之间存在制度、人员等方面的关联,合作相对更为稳定。就课题组的调研来看,目前全国设有村(街)镇融媒体分中心的县级融媒体中心主要集中在东部地区,这一方面可能与维持成本有关系,另一方面也与县级融媒体中心的普遍发展程度有关系。在课题组调研的对象中,中西部地区的县级融媒体中心建立通讯员队伍的居多。

一般来说,村(街)镇融媒体分中心的工作机制都是由县级融媒体中心开通账号权限,前者在后者的指导下向相应账号提供内容,县级融媒体中心也会主动派发任务给分中心。这个双向的过程不一定都在线上,也可能通过线下对接的方式完成。

在少数地区,县级融媒体中心既没有设立村(街)镇融媒体分中心,也没有专门的通讯员队伍,而是在当地一些企事业单位设立了工作站或者在委办局设立了融媒体分中心,其所承担的职责与村(街)镇融媒体分中心类似,但更为灵活,可视为一种介于村(街)镇融媒体分中心与通讯员队伍之间的组织形式。例如:上海松江区融媒体中心就在各个委办局的宣传口下设立了工作站,能够将不同条线的基层情况和需求通过工作站与县级融媒体中心的联系机制及时地进行反馈。

此外,工作站与村(街)镇融媒体分中心还有两个显著的区别。一是,村(街)镇融媒体分中心往往需要专门的办公场所、专职人员等,但工作站一般不需要。因为工作站内在于某个机构场所，由该机构指定现有工作人员负责与县级融媒体中心对接，相比村（街）镇融媒体分中心而言，优势是节约成本，可以大量建设，对更多的区域具有可行性。同时，工作站也比传统的通讯员队伍更具组织性和稳定性。但它也有一定的劣势，因为往往不是专职人员负责对接，它与县级融媒体中心之间也不具有从属关系，因此，相关工作的约束机制与激励机制都比较难以建立，可能一定程度上影响对接人员的主动性和对接工作的有效性。二是，村（街）镇融媒体分中心可以直接下沉至基层民众，它从组织结构上使"最后一公里"之内的联系得以常态化、畅通化。企事业单位或委办局融媒体分中心则不是直接下沉至基层民众，而是从工作机制上使得融媒体中心的任务和功能能够有效分解，从而使其更加深入地介入复杂的基层治理场景和过程，更加充分地扮演好"社会对话的组织者""社会冲突的减压者""社会协同的链接者""社会信任的催化者"等新角色。

然而，课题组在调研中发现，一些县级融媒体中心与融媒体分中心的工作机制没有完全理顺，从而使得后者对前者的支持难以有效地建立起来。例如：在有些地区，村（街）镇在县级融媒体 App 平台上都有专设入口，它们可以进入其中自主编辑信息，由村（街）镇内部与宣传委员进行"三审"，审核后自主发布信息。但这样一来，各个村（街）镇频道的内容差异可能就比较大，而且 App 平台对其内容管理的程度比较低，但如果县级融媒体中心将其全部管起来又往往没有足够的人手和精力。因此，现状就变成村（街）镇基本上只需要对自己负责而无需对县级融媒体中心负责，甚至没有直接的业务关联，那么前述向上支持的关系和机制就难以有效建立。还有一些县级融媒体中心与村（街）镇不仅关联有限，而且存在矛盾。因为一些村（街）镇有自己的新媒体平台，出于自身平台运营的需要，它们都想把新闻首发放到自己的平台上，不愿意发在县级融媒体平台上，尤其是一些有重大社会价值的独家新闻或者独家线索，它们都不愿意与县级融媒体中心合作，从而使得二者不仅没有建立"双向沟通、双向支持"的关系，反而形成了恶性竞争的关系。

因此，村（街）镇融媒体分中心和通讯员队伍对县级融媒体中心的向上支持并非天然形成，它们需要一系列的机制保障。目前，全国整体上还处于探索阶段，成熟案例不多，与其中存在一些难以突破的结构性困境有关。另外，客观上，基层通讯员队伍的专业水平不一，难以完全承担起基层内容的稳定输出。在调研中，一些县级融媒体中心也表示与非专业的基层通讯员沟通成本太高，效果有限，一定程度上也使其对县级融媒体中心的向上支持有所折损。

因此,如何能够有效地继续下沉、向下扎根,破解前述困局,目前对于全国的县级融媒体中心来说,既是一个难题,也是一个紧迫的课题。

第二节　县级融媒体平台横向协同多元主体的服务机制

纵向三级主体对县级融媒体平台的支持机制是县级融媒体平台提供公共服务的前提,上级媒体主要提供系统与通道,省级技术平台主要提供技术与资源,村(街)镇融媒体分中心和通讯员队伍则主要提供素材与反馈。可以看出,其中除了省级技术平台的部分架构与功能支持各类服务以外,纵向三级主体所构建的支持系统主要是面向内容生产。而横向多元主体所构建的支持系统正好相反,除了部分协同面向内容生产外,它主要还是面向各类服务。

一、政务服务机制

各委办局与县级融媒体中心的合作是后者政务服务资源的重要来源,但不同地区的委办局与县级融媒体中心对接的机制不同,同一个地区不同类别的政务服务对接机制也存在差别。政务服务主要是接入式的,但如前所述,互动式的"问政节目"也是政务服务的一种,只是形式不同。归结而言,政务服务主要有两种对接机制。一种是自上而下部署,即省级层面统一部署,通过省级技术平台直接导入省级层面的统一政务服务系统或者部分政务服务,这种方式无需县级融媒体中心与各个部门分别对接。"问政节目"通常也是经由自上而下统一部署开办的。另一种是横向多元协商,一般是县级融媒体中心主动出击,与各委办局联系协商,达成不同程度的合作。从课题组的调研来看,实践中的情况比较复杂,即使在这两种机制的内部,不同区域仍有不同的情况。因此,本书仅就其中主要的共性情况做一分析。

(一) 自上而下部署

最典型的自上而下对接就是将省级统一政务服务系统直接接入县级融媒体平台,但如前所述,从课题组已调研的各地县级融媒体中心来看,相关功能大多通过跳转链接的形式实现,即从县级融媒体平台相应入口进入无法直接实现服务,而是跳转至省级统一政务服务网站、小程序或部门网站等平台。在这种接入方式中,县级融媒体平台仅作为中介性的入口存在,并没有真正接入服务。因此,用户无需从县级融媒体平台进入,而直接从各类政务服务平台进入更为便捷,这样一来,县级融媒体平台的入口设计基本失效。

没能实现政务服务的直接接入,通常是因为既有平台相对成熟,如再接入县级融媒体平台,对于用户来说意义不大,但对于既有政务服务平台而言,会出现分流的情况。"在数字化时代,数据作为新型生产要素具有重要的战略价值和意义。平台上汇聚了大量数据,平台由谁开发和建设,数据产权归谁所有,都是博弈的焦点。"①换言之,县级融媒体平台难以直接接入政务服务也有利益博弈的原因。上海是最早建设政务服务"一网通办",也是目前国内相关建设最为充分的地方之一,早在国务院提出统一建设要求之前,上海就已于2018年3月30日印发了《全面推进"一网通办"加快建设智慧政府工作方案》,并于当年10月17日正式上线运行了"一网通办"的总门户,其"一梁四柱"的平台架构也初步形成:"'一梁'即统一受理平台,包括总门户网站和'随申办公众云'移动端App;'四柱'包括'统一身份认证、统一总客服、统一公共支付、统一物流快递'。"②值得一提的是,当2019年上海各区级融媒体中心刚建立的时候,"一网通办"系统是有接入区级融媒体中心App平台规划的。然而,到了2020年,即所有区级融媒体中心均已建成之际,"一网通办"却并没有接入区级融媒体中心App,这可能主要与两个因素相关。第一,2020年"一网通办"自己的App平台"随申办市民云"及其微信、支付宝的"随申办"小程序已经非常强大,用户数量陡增,"市民注册个人用户在2020年达到4416万人,说明大量非上海常住人口也在使用'一网通办'服务"③。因此,再接入其他平台的意愿和必要性都不大。第二,2020年"一网通办"出现了两个重要的转变,即"从'侧重行政权力事项'向'行政权力和公共服务事项并重'转变,从'能办'向'好办'转变,切实提升用户的获得感和满意度。全年新增接入500项公共服务事项,新增100项个人事项'全市通办'。"④这与区级融媒体平台的功能设计出现了明显的重合。不仅如此,"一网通办"系统还具有强大的下沉能力,到了2020年,它已经能够实现不少区级层面的服务了,并且还将各区各类服务集成在以各区为名的旗舰店里,实用性大大提升。相比之下,区级融媒体平台在缺乏足够

---

① 刘海颖,赵晓峰.数据即权力:数字平台建设中的部门博弈与整合[J].电子政务,2024(4):70.
② 敬乂嘉."一网通办"新时代的城市治理创新[M].上海:上海人民出版社,2021:68.
③ 敬乂嘉."一网通办"新时代的城市治理创新[M].上海:上海人民出版社,2021:81.
④ 敬乂嘉."一网通办"新时代的城市治理创新[M].上海:上海人民出版社,2021:68.

顶层设计的情况下,整合各项资源的能力相对较弱,一旦资源更丰富的"一网通办"不接入区级融媒体平台,后者能够开拓的空间就非常有限。

然而,全国大部分地区是在2020年底基本实现县级融媒体中心全覆盖以后才陆续上线政务服务"一网通办"平台,并且其中不少平台所能提供的服务目前依然比较有限,客观上为县级融媒体平台留下了更大的实践空间。有些地区的县级融媒体中心深度参与了当地政务服务"一网通办"平台的建设,有些地区的县级融媒体中心平台甚至直接承担起了政务服务"一网通办"基层平台的角色,对于后者来说,相关服务可以整体性地直接接入县级融媒体平台,甚至县级融媒体平台成为其基层政务服务入口的唯一平台。

总结而言,对于政务服务"一网通办"比较成熟的区域,县级融媒体平台难以通过自上而下的统一部署接入整体性的政务服务,而对于政务服务"一网通办"不够成熟的区域,县级融媒体平台更容易通过自上而下的统一部署接入整体性的政务服务。政务服务"一网通办"较为成熟区域的县级融媒体平台提供政务服务主要是通过自下而上与各委办局的主动对接,合作提供差异化服务。

(二) 横向多元协商

据课题组调研了解,目前整体上,由县级融媒体中心发起的横向多元协商是其政务服务达成的主要方式。一方面,如谢新洲和石林所言:"很多基层政府部门仍停留在传统政务时代单向传播的沟通模式,将网络政务平台视为新的宣传渠道,'展示'意味较强,未能实现服务能力的实质性提升。"[①]另一方面,部分政务服务资源仍然分散在各部门,这就为县级融媒体平台的主动出击提供了先决条件。这里面主要有三种情况。第一种是当地政务服务"一网通办"下沉有限,县级融媒体中心也没有深度参与或者直接承担相关建设,因此,后者只能通过相对零散的方式主动对接各委办局,这种合作呈现的特点是多样化,各地情况差异也较大。一方面,县级融媒体中心与各委办局的对接程度不一样,由于各种原因,有些委办局能够进行深度合作,有些则完全无法合作。另一方面,也因为对接程度不同,且不同的委办局有不同的特点和诉求,所以最终呈现在县级融媒体平台上的服务形态也往往不同。第二种是各委办局或者村(街)镇的微博、微信或平台号进驻县级融媒体平台的政务矩阵,这种形式

---

① 谢新洲,石林. 嵌入基层治理:县级融媒体中心与基层网络政务服务的融合发展[J]. 传媒,2021(4):31-32.

的合作通常由县级融媒体中心主动争取,有的委办局因为自身无力(包括无暇、无人等状况)运营媒体账号,愿意由县级融媒体平台代为运营,加之后者一般既不会像第三方公司一样完全按照市场化的方式收费,在数据安全方面也有足够的保障,所以对于它们来说,由县级融媒体平台代为运营是一个理想的选择。但有的委办局将其各个媒体账号的运营视为自身政绩的一部分,不愿意纳入县级融媒体中心的政务矩阵。因此,县级融媒体平台上政务矩阵的建立也不一定是整体性的,各地、各单位均有差别,他们所提供的政务服务也是多形态的。第三种则是与"一网通办"或者其他平台上已有的政务服务错位开发的服务,这些服务的机制各有不同,需要具体案例具体分析。

不过,课题组在调研中发现,无论哪种对接方式,其达成合作的可能性除了取决于当地政务服务的整体结构与合作方案本身的设计质量以外,还一定程度地取决于县级融媒体中心与各委办局的"关系":如果双方过去有较多的交往,彼此熟悉,那么协商合作的空间相对较大;反之,如果双方过去交往有限,尤其是如果委办局对县级融媒体中心相对陌生,难以找到双方合作共赢的点,那么协商合作的空间相对较小。此外,"关系"也不一定是既往存在的,也可以是后来建立的,这就更需要县级融媒体中心主动出击,充分发挥主观能动性,找到合作的突破口。例如:作为直辖市的重庆,与上海的情形比较像,也是"一网通办"建设较早,在2018年就推出了"渝快办"App,推动全市一体化在线政务服务向移动端延伸。因此,在区级融媒体中心成立之时,该系统已基本实现了"国家、市、区县、乡镇(街道)、村(社区)五级网络通、数据通、业务通"[①],留给区级融媒体平台提供政务服务的空间很有限。但渝中区融媒体中心成立后,并没有受限于此,而是发挥区级融媒体平台自身优势,主动收集、报道区各委办局的重要工作,并将报道反馈给各委办局领导,不仅促进了各类问题的解决,也提升了渝中区融媒体中心的知名度与影响力,为其与各委办局的进一步合作打开了局面。四川省仁寿县融媒体中心则主导成立了由全县知名自媒体和部分政务新媒体组成的"仁寿新媒体联盟",开展业务交流的同时建立通联机制,共同对当地涉及公众利益的重要改革方案、重大政策措施、重点工程项目予以关注报道,并开放渠道收集意见,反馈给相关委办局。通过这种方式,县级融媒体中心极大地提高了自身能见度,展示了自己在基层公共事务中所

---

① 中国青年网.[2020·指尖城市]渝快办:企业群众愉快办事,助力优化营商环境[EB/OL]. http://news.youth.cn/gn/202010/t20201024_12543193.html.

扮演的独特的、建设性的角色,这也为其打开政务服务局面提供了重要基础。

由此可见,县级融媒体平台提供政务服务的空间不是恒定的,充满了可协商性,其可协商空间主要在于县级融媒体平台与多元主体的主动对接,在这个过程中,政务服务可能更加细分,形式也可能更加多样,所以能够与自上而下统一部署的政务服务既形成错位,也互为补充,从而共同提升县级融媒体平台的政务服务能力。

(三)交互式政务服务机制

前述自上而下部署或横向多元协商达成路径主要是针对平台接入式的政务服务而言,而对于交互式的政务服务来说,则既包含自上而下的统一部署,也包含横向多元的协商路径,既有固定的合作机制,也有临时的合作方式。

首先是以节目的形式开展政务服务。有的节目是交互式的,有些则是非交互式的。交互式的节目通常用于解决问题,而非交互式的节目通常用于公益宣介。其中,前者最典型的就是问政节目,主要分为栏目式和主题式,栏目式相对固定,而主题式则一般是结合相关领域近期重点热点问题而策划的(系列)节目,具有一定的变动性。如前所述,问政节目通常也是一类自上而下的政务服务,它通常是由县委、县政府推动,各委办局参与,县级融媒体中心共同策划而开办的。因此,它具有双重属性:既是县级融媒体平台内容体系的一部分,又是县委、县政府政务工作的一部分。它与前述接入式政务服务机制不同的是,县级融媒体平台不仅起到中介渠道的作用,它还是生产主体,需要将政务服务的过程媒介化,并以媒介生产的逻辑将其转译为内容产品,从而实现双重维度上的服务:基于主体互动维度和基于节目收看的维度。

非交互式的节目主要用于各委办局的公益宣介,即从自身职能出发,针对与群众生活息息相关的部分以节目形式呈现,达到告知与解释的目的。例如:在新冠疫情防控期间,县级融媒体中心联合各委办局制作节目告知群众哪些问题应该对接哪些部门、以何种方式得到解决、在此期间有什么特殊政策、变通办法、简化手续等等。这一类节目通常是结合特殊的时间节点和特殊事件进行制作,充分发挥县级融媒体中心多平台的融合宣介功能,达到广而告之的效果。

其次是以主题活动的形式开展政务服务。这种形式需要县级融媒体中心发挥自身作为媒体的策划功能,提升对公众的吸引力,并提高公众参与度。各委办局除了常规服务以外,会在一些特殊的时间节点结合一些特殊主题举办服务活动，有的是线下服务，有的是线上服务，也有线下线上相结合的服务。对于线下服务来说，县级融媒体中心多以新闻宣传的形式介入，线上服务则利用县级融媒体平台开辟临时服务入口，线下线上相结合的服务则通常将新闻宣传与平台服务相结合。有的县级融媒体中心为此成立了专门的策划部门，例如：浙江省长兴县融媒体中心（长兴传媒集团）就成立了专门的策划部门，能够为相关委办局的服务活动提供一体化的策划方案。

再次是以平台"爆料"和社群化交互的形式开展政务服务。尽管不同的县级融媒体平台"爆料"入口设置不完全相同，但总体来说，它是通过"用户发送信息—县级融媒体平台收集整理后分发给各委办局—各相关部门处理并原路反馈"这样一个闭环处理机制来实现的。其中有部分县级融媒体平台收到信息以后是直接转给 12345 平台，由 12345 平台根据内容主题再分发给各委办局。与问政节目不同的是，"爆料"通常有一个处于后台的"研判问题"环节，即收到反映问题以后研判问题的处理主体，是县级融媒体平台能够直接处理回应，还是需要流转给其他委办局或者 12345 平台等。但问政节目因为处理问题的主体往往都处于前台，且因为节目主题聚焦，问题的处理主体明确，不需要研判问题的流转方向，即使遇到复杂问题需要后台协同更多主体参与处理，前台嘉宾也能够给出一个阶段性答复，现场明确问题的流转轨迹。也因为多了这个环节，"爆料"往往很难及时回复，在一些紧急问题的处理上存在劣势。

此外，有部分县级融媒体中心会将一些政务服务嵌入社群化交互板块。在这些板块中，前述"爆料"的问题处理闭环也是基于社群化交互的政务服务的基本机制。只是各类社群化的交互板块更加强调用户与用户之间的互动，有些问题不一定进入前述闭环，而能够直接通过他们之间的互动得到解决。例如：有用户见到其他用户提出自己曾经遇到的同样问题，他就可以直接根据自己的经历和经验进行回复，提供帮助。也有用户可以在其他用户提出的问题上进行追加和补充，然后由融媒体平台汇总转交相关部门处理并反馈。社群化的交互往往比"爆料"更有效率，但也因为用户可以参与回复，其权威性和准确性会打一定的折扣。另外，某些县级融媒体平台嵌入了本地开发的基层社会治理平台（小程序等），后者能够实现相关委办局的直接进驻。当用户提出问题，相关委办局可以直接在线回复，这既缩短了沟通和问题处理链条，也确保了问题处理和反馈的权威性。

(四) 与新时代文明实践中心的结合机制

新时代文明实践中心不同于其他实体部门,它与县级融媒体中心的对接机制有其特殊之处,加之国家也对二者的结合有明确的要求,所以进行专门讨论。如前所述,国家多次出台相关政策文件强调新时代文明实践中心与县级融媒体中心需要结合在一起发展,即同频共振。二者的相同点在于都由宣传部门主管,以县域为单位开展活动,都负有服务基层、打通"最后一公里"的任务。前者主要集中于思想文化和精神文明工作,属于公共文化服务体系的一部分;而后者任务更多,基本涉及县域工作的方方面面。二者都无法仅仅依靠自身的力量发挥作用,而需要整合多方资源来履行相应的职能。从这个意义上来说,它们都是需要与多元主体协同的中介性平台。而在二者之间的关系上,县级融媒体平台也是新时代文明实践中心的中介性平台。

从形态上来讲,与县级融媒体中心最大的不同是,新时代文明实践中心主要是线下开展活动,而县级融媒体中心是线上平台。新时代文明实践中心的工作机制主要是以志愿服务为形式招募人员和派发任务,其招募和派发形式多样,既有线下也有线上,两个中心的结合就是通过线上合作达成的,即县级融媒体平台为新时代文明实践中心开辟志愿服务入口,人员报名、任务派发、对接等多个环节都可以通过线上完成。如第三章所述,大部分县级融媒体平台与新时代文明实践中心的对接都是采用这种模式,将其志愿服务的前端工作线上化,更加便捷高效。更重要的是,县级融媒体平台能够助力志愿服务供需匹配,即用用户发布需求,志愿者根据自身情况选择"接单"。一方面,这是一种直观的即时性匹配,用户发布需求的基本情况一目了然,方便志愿者根据列表进行比较和权衡;另一方面,双方都能够足不出户就完成匹配,避免因为供需不匹配而频繁在线下往返。有了县级融媒体平台的中介作用,新时代文明实践中心仅需将开展服务的环节放在线下,这样大大提升了工作效率和精准程度。还有一些县级融媒体平台设置了志愿者打卡积分类功能,通过积分兑换奖励等方式对志愿者形成一定的激励作用,这也是新时代文明实践中心如果仅在线下开展工作很难达成的效果。

另外,根据《关于建设新时代文明实践中心试点工作的指导意见》,新时代文明实践中心需要"整合现有基层公共服务阵地资源,打造理论宣讲平台、教育服务平台、文化服务平台、科技与科普服务平台、健身体育服务平台,统筹使用,协同运行。打通党校(行政学院)、党员电教中心、党员动室、道德大讲堂、村级组织活动场所和综合服务中心等,建立理论宣讲平台;打通普通中学、职业学校、小学、青少年宫、青少年校外活动场所、儿童活动中心、乡村学校少年等,建立教育服务平台;打通基层文联组织、乡镇文化站、文化馆、群艺馆、图书馆、博物馆、影剧院以及歌舞团、戏剧团等,建立文化服务平台;打通科技示范基地、农村科技创新室、科技信息站、益农信息社、科普中国乡村 e 站、科普大篷车、科普活动室、农家书屋等,建立科技与科普服务平台;建好用好县级体育场馆、农村健身广场、农村文化活动广场,推动中小学体育设施对外开放,建立健身体育服务平台。"①

上述要求可以总结为两点:第一,新时代文明实践中心需要整合诸多机构的公共文化服务;第二,新时代文明实践中心要搭建若干公共文化服务平台,实现线上线下协同服务的格局。对于县级融媒体平台来说,首先,上述多元主体也是县级融媒体中心开展服务需要对接的主体,因此,完全可以将两个中心的相关工作整合在一起;其次,县级融媒体平台能够实现各类子平台的开发,依托其自身纵向支持机制,能够按照新时代文明实践中心的各项服务要求进行功能订制。同时,还可以充分发挥县级融媒体平台媒介化优势,通过内容生产以及平台交互达成两个中心服务效应的倍增。

以上海为例,新时代文明实践中心的智慧云平台由东方网旗下的全资子公司东方怡动开发,目前是作为一项服务内容嵌入各区级融媒体中心 App,但其日常运作还是归宣传部的文明办负责。一方面,区级融媒体中心往往比当地新时代文明实践中心建立得早;另一方面,新时代文明实践中心智慧云平台实际上只是各项业务的线上集成,它不像区级融媒体 App 一样是一个独立平台。因此,新时代文明实践中心的智慧云平台只能以嵌入区级融媒体 App 的方式存在。不仅仅是上海,课题组调研过的其他地区情况也基本如此。

如前所述,因为上海新时代文明实践中心智慧云平台是由东方怡动统一开发的,所以与区级融媒体中心一样,是存在统一模板的,尤其在两个中心成立的初期,平台能够实现的个性化服务有限,所以看上去"长得差不多"。经过两三年的发展,各区个性化的服务功能才慢慢实现。例如:除了一些有关志愿服务的基本配置以外,静安区融媒体中心"上海静安"App 的新时代文明实践中心平台内还设有"建议征集"和"微心愿"两项特色功能提升交互性,对于公众而言,可以进入与文明实践相关的特定话题入口给出自己的建议,而不只是

---

① 中央全面深化改革委员会.关于建设新时代文明实践中心试点工作的指导意见[EB/OL]. http://wenming.enorth.com.cn/system/2019/12/09/037845392.shtml.

单向获得服务。如果用户有希望志愿者帮助实现的小心愿,可以在线填写,同时,用户也可以在线领取并帮助实现别人的心愿。

二、狭义公共服务的对接机制

如前所述,其他服务主要是指由那些除了政府以外其他多元主体供给的服务,因为供给主体多元,机制不能一概而论,这里主要集中讨论县级融媒体中心与教育、医疗、文化、体育等狭义公共服务机构的对接机制。一方面,因为它们是县级融媒体平台其他服务的主要供给主体,所有的县级融媒体中心都要与它们合作提供服务;另一方面,因为县级融媒体中心与它们的对接机制相对稳定清晰,与其他供给主体的对接则存在个体化、临时化甚至偶然化的情况。以上两个方面使其具有共性讨论的基础,既具有普遍性也具有典型性。

课题组在调研中发现,相比政务服务和商务服务而言,许多地区的县级融媒体平台对上述公共服务机构的资源开发相对比较有限,这一方面与县域教育、医疗、文化、体育等方面服务资源不够丰富的客观现实有关;另一方面也与其相关资源开发意识和能力的局限有一定关系,因为这一类公共服务与政务服务以及商务服务不同的是,它们往往不能直接接入县级融媒体平台,而需要各种形式的转化。

相比之下,上海的区级融媒体中心在课题组调研过的所有县级融媒体中心中对这类服务的开发最为充分,一方面与该城市公共服务资源比较丰富有关;另一方面与上海区级融媒体中心在政务服务和商务服务上空间较小、迫切需要开拓新的服务空间与形式也有关系。

(一) 服务于教育的机制

全国不同地区不少县级融媒体中心与各类教育机构(主要是中小学)建立了合作关系,这与新冠疫情有一定的关系。因为疫情防控期间,教育机构的各类教学活动全面转向线上,所以不少县级融媒体中心不同程度地进行了各类教育服务线上化的尝试。

对于过去教育信息化建设程度较低的地区来说,县级融媒体平台可以发挥作用的空间较大,有机会成为其相关服务线上转化的主要平台。而对于过去教育信息化建设程度较高的地区来说,县级融媒体平台能发挥的功能相对比较有限。不过,教育的情况尤其特殊。如果是中小学校课内教学的在线直播课程,通常要么是以省(市、自治区)为单位统一组织开展,要么是以学校班级为单位各自开展,所以一般不会与县级融媒体平台关联。但是中小学课内教学以外的各类拓展主题课程(不涉及与国家"双减"政策要求相悖的内容)是可以通过县级融媒体平台进行直播的。此外,除了课程直播以外,还可以邀请名校名师举办在线公益讲座,为公众提供各类主题的教育资讯,包括优质课程、招考信息、备考建议、学习方法等,也可以举办一些面向不同人群的教育主题线上活动。

一般来说,县级融媒体平台提供权威的义务教育阶段与课程内容相关的教育服务需要与当地教育局合作,无论是课程资源还是系列讲座,都需要由教育局牵头,组织学校参与。而面向学生的科普类、兴趣类课程或讲座以及面向成年人的知识类课程或讲座等一般是由县级融媒体平台与课程或者讲座的组织方(例如少年宫、青少年活动中心等)合作,区别在于课程通常是由县级融媒体平台直接与资源方协商对接,讲座则通常由县级融媒体中心先策划主题,然后根据主题寻找讲座资源。无论合作主体是谁,一般来说,这类资源是公益性的,不需要向任何主体收取费用,这是与商业化教育资源供给平台之间的根本区别。同样地,就各类教育主题的活动来说,如果是面向中小学生的,通常由县级融媒体中心与当地教育局、学校等主体共同组织;如果是面向成年人的,则通常是以面向公众开放预约或报名的方式来组织。

(二) 服务于医疗的机制

县级融媒体中心与医疗机构的合作通常有三类:第一类是直接在县级融媒体平台接入一些线上服务;第二类是向公众提供一些医学科普课程或讲座视频;第三类是根据特殊的时间节点或者事件策划与公众互动的线上线下活动。

对于县域来说,高水平的医疗机构数量与医疗资源比大城市少,但在这个问题上,市辖各区的情况与县域的情况还不完全一样。因为从地理空间上来说,市的"区"与"市"是重合的,因而各市级医疗机构与医疗资源实际上是以"区"为单位分布的。但是县域与各省(自治区、直辖市)的省会等各大城市在地理空间上是不重合的,因而聚集于省内主要城市的优质医疗机构与医疗资源很难与县域发生关系。也正因为如此,2021年,国家卫生健康委办公厅印发了《"千县工程"县医院综合能力提升工作方案(2021—2025年)》,其中提出"到2025年,全国至少1000家县医院达到三级医院医疗服务能力水平,发挥县域医疗中心作用，为实现一般病在市县解决打下坚实基础。"①这种差别一方面会使得市辖区级融媒体平台与其他县域融媒体平台提供的医疗服务形式有所差别，另一方面也凸显其他县域融媒体平台提供此次服务的迫切需求。

县域医疗机构数量与医疗资源的普遍匮乏在县级融媒体平台上的直接反映就是，相比其他服务而言，医疗服务普遍较少。课题组调研过的大部分县级融媒体中心的各类平台上甚至完全没有医疗相关的服务。

上海作为直辖市，拥有丰富的各级医疗资源机构与医疗资源，但对于区级融媒体中心来说，这并不意味着就能开发丰富的医疗服务形式。例如：长宁区融媒体中心与区卫健委签约合作共建"便民就医工程"，在"上海长宁"App 开设了"个人就医预约""病检报告查询"等，一期工程就已与区内十余家医院开展合作。然而，课题组在调研中了解到，这项工程建设有不小的难度。因为不少医院已有自建就医服务平台，尤其是三甲医院，其服务平台功能已经非常强大。更重要的是它们所面向的就医群体远远超过本区的范围，面向全市甚至全国不同地区的患者，所以三甲医院多为自建平台，在此基础上与市级"一网通办"平台建立了合作关系，与区级媒体平台的合作比较有限。因此，长宁区融媒体中心在该项目推进的第二期就与区内十家街道卫生服务中心建立了合作，这些基层的医疗卫生机构往往没有三甲医院那样强大的线上服务平台，而且受限于人力物力财力，专门建设这样一个线上服务平台是比较困难的，但它们所能提供的服务又与公众的日常就医需求息息相关。更重要的是，这一类基层医疗卫生机构服务对象主要是本区本街道的居民，所以如果能够开设相应入口，开发一系列便民线上医疗服务功能，区级融媒体平台是最理想的平台。

杨浦区融媒体中心在"上海杨浦"App 内开设了"杨浦智慧健康"板块，设置了"我的家庭医生""预约挂号""云陪诊""互联网护理""诊后随访""智能预问诊""互联网康复""健康档案""智能导诊"等功能。这些功能的实现是由区级融媒体中心直接与医院对接达成，医院的相关功能接入 App，由融媒体中心专门的团队负责运维。截至课题组调研之日，该项功能仍在进一步完善中。与长宁区融媒体中心类似的是，杨浦区合作的对象也以区内三甲以下级别的医院为主。

---

① 国家卫生健康委办公厅．"千县工程"县医院综合能力提升工作方案（2021—2025 年）[EB/OL]．http://www.gov.cn/zhengce/zhengceku/2021-11/04/content_5648771.htm．

青浦区融媒体中心则与区内的复旦大学附属中山医院青浦分院合作，但不是采用平台直接接入服务的方式，而是平台接入支付宝中"复旦大学附属中山医院青浦分院"服务号的相关内容，通过页面跳转，实现线上挂号预约、排队缴费等服务。这种跳转式的服务方式在其他地区的融媒体平台上也有。例如：江苏省昆山市融媒体平台"第一昆山"App上开设了"网上问诊"板块，该板块链接了昆山市第一人民医院和昆山市中医医院的服务入口，点击进去可以直接跳转到这两家医院的"互联网医院"进行线上复诊和在线咨询，并可以查看自己全部的问诊记录。

闵行区融媒体中心则与区卫健委合作搭建区内公立医院挂号预约平台，通过"今日闵行"App"预约挂号"入口进入，居民只要把医保卡绑定，就能够查看在区内公立医院的就医信息。

静安区和宝山区融媒体中心也是与区卫健委合作，前者在"上海静安"App中开设了"健康服务"板块，在其中接入了"健康静安"服务平台，该平台是由静安区卫健委主导建设的，一站式提供区内各类医疗服务，包括"健康档案""门诊预约""住院服务""报告查询""药品查询""视频问诊""一键续方""代配药""微商城"等。后者则将由宝山区卫健委主导建设的"健康宝山"服务平台接入该区融媒体中心"宝山汇"App。

由以上实践归纳而言，目前县级融媒体中心主要是通过两种合作机制接入医疗相关服务的，一种是县级融媒体中心直接与各家医院对接，服务内容和服务形式由双方协商，另一种是县级融媒体中心与当地卫健委合作，后者牵头将县域内医院的相关服务接入融媒体平台。这里面又分为两种情况，一种是县级融媒体中心与当地卫健委合作，在县级融媒体平台搭建线上医疗服务子平台；另一种是二者合作，直接将由当地卫健委主导建设的现有医疗服务平台嵌入县级融媒体平台。相比之下，与当地卫健委合作优势更为突出：县级融媒体中心一旦与当地卫健委确立合作关系，就能够整体性地带动与当地各家医院的合作，并且能够实现的服务功能也相对更为丰富。如果县级融媒体中心自己与医院对接，就需要逐家协商讨论，并且医院可能出于各方面的考虑不愿意向融媒体中心开放某些服务，合作意愿与合作程度都比较有限。课题组在调研中了解到，部分县级融媒体中心也确实遇到过因为直接与医院协商未果而无法实现相关服务的情况。

除了直接接入相关服务以外，与教育服务一样的是，县级融媒体平台也会提供一些医疗科普类课程和讲座视频。这些视频一般同样是由县级融媒体中心与课程、讲座的组织方合作提供的公益产品，公众无需付费即可使用。

另外，县级融媒体平台还充分利用媒体优势，原创一些服务类节目，有的以固定栏目的形式呈现，有的则是根据不同季节的流行病、不同科室的常见病或者特殊节点（例如三八妇女节针对妇科常见疾病）等不定期策划一些互动类的主题节目。需要指出的是，一般不会与县级融媒体中心合作前述接入式服务的三甲医院通常会以节目的形式与县级融媒体平台进行合作，因为这不仅不与其自建平台或现有其他平台合作冲突，而且带有"公益下基层"的性质，这对于三甲医院来说既是承担社会责任的表现，也具有提升影响力和美誉度的作用。例如：上海市青浦区融媒体中心"绿色青浦"App 的"直播"板块中专门开设有"健康医＋益"科普直播间栏目，由复旦大学附属中山医院青浦分院不同科室的医生走进融媒体中心直播间，为公众带来主题科普知识，在直播的过程中，公众可以通过 App 实现实时线上问诊。上海市宝山区融媒体中心则在"宝山汇"App 内开设了特色栏目"医直播"，这是该融媒体中心和上海市华山医院北院（即宝山分院）、宝山党建中心共同打造的一档直播栏目，在宝山区吴淞街道有一个线下的"医直播课堂"，每天线上直播的场地就固定在那里。该栏目每天中午 12:00 直播，由当天当班的医生先介绍 20 分钟主题内容，然后与网友互动答疑 10 分钟。此外还有一档栏目是"指尖医生"，即在一周的栏目里选择有新闻价值的医疗选题，以短视频的方式作进一步报道，并在融媒体中心各个平台分发。一年下来所有的视频，都在 App 内集合成专题，公众可以根据疾病分类查看回放。

（三）服务于公共文化体育的机制

与医疗机构和资源情况类似的是，县域的公共文化体育机构和资源也普遍比较有限，呈现出明显的城乡差异。在这种情形下，2021 年 3 月，国家文化和旅游部、国家发展改革委与财政部联合发布了《关于推动公共文化服务高质量发展的意见》，该意见明确提出："加强城乡公共文化服务体系一体建设，促进区域协调发展，健全人民文化权益保障制度，推动基本公共文化服务均等化。……积极推动将公共文化设施建设纳入县城城镇化补短板强弱项项目。根据实际，加大对城镇化过程中新出现的居民聚集区、农民新村的公共文化设施配套建设力度。充分发挥县、乡、村公共文化设施、资源、组织体系等方面的优势，强化文明实践功能，推进与新时代文明实践中心融合发展。推动公共图书馆、文化馆、博物馆、美术馆、非遗馆等建立联动机制，加强功能融合，提高综合效益。"① 在课题组调研过的县级融媒体中心中，能够通过其平台提供这方面服务的很少。相比之下，市辖区的情况要好很多，这也与医疗机构和资源的分布情况相似。

在上海，各区级融媒体中心与区内公共文化体育机构的合作很多，主要的合作方式有两种，一种是直接服务，即在区级融媒体平台上开设各类场馆线上预约服务；另一种是间接服务，即通过区级融媒体平台的各类活动获得体验服务的机会，或者通过使用区级融媒体平台获得积分，积分可兑换各类公共文化体育服务。

例如：静安区内体育资源丰富，区体育局"静安体育"App 与县级融媒体平台"上海静安"App 对接，通过合办活动发放游泳券给参与的用户。"上海静安"App 还专门设有静安体育公益配送服务，提供静安体育消费券的限时抢购以及区内体育场馆的预约。此外，"上海静安"App 还提供区内红色场馆预约服务，2021 年 7 月，静安区融媒体中心开通区内所有红色场馆的预约服务，9 个区属场馆直接可以在该 App 上完成预约。该项目也给融媒体中心带来了不少新增注册用户，并显著提升了 App 的日活量。不过，与教育和医疗服务不同的是，区级融媒体平台通常仅作为文化体育服务前端（例如提供预约）的入口，服务本身需要线下完成。因此，每个场馆还需要配备能够对"上海静安"App 预约信息进行线下核销的机器，融媒体中心也需要跟进预约之后的各个环节，如果出现任何问题要配合场馆一起解决。

不过，也有些服务未能实现直接在区级融媒体平台上预约，而是将区级融媒体平台仅仅当作入口，然后以跳转的方式转到其他平台预约。与政务服务跳转不完全相同的是，政务服务的跳转通常会使得县级融媒体平台完全失效，但场馆、机构、活动的预约场景还能够实现相关内容介绍以及同类服务入口的集成（例如将所有红色场馆的预约入口放在一起），所以后者即使跳转，也会因为和其他平台的服务有一定的差异性而提升了有用性。

与此同时，区级融媒体中心在提供服务的过程中也会遇到一些困难，例如场馆调价无法及时同步到融媒体平台，这表面上是技术问题，但深层次是合作机制问题。因此，对于机构和资源都不够丰富的广大县域来说，在国家出台了各类公共机构相应建设规划的背景之下，应该主动介入其建设规划的过程，发

---

① 文化和旅游部，国家发展改革委，财政部. 关于推动公共文化服务高质量发展的意见[EB/OL]. http://zwgk.mct.gov.cn/zfxxgkml/ggfw/202103/t20210323_923230.html.

挥自身的平台效应进行资源整合，县级融媒体平台并非要等到这些公共机构建成以后再发挥作用，而是应该积极争取将自身纳入其建设规划和服务的具体方案之中。

三、商务服务的机制

与政务服务和狭义的公共服务不同的是，商务服务的机制与县级融媒体中心的性质直接相关。公益一类与公益二类事业单位同市场的关系不一样，其商务服务的机制也不一样，即使相同性质的融媒体中心其商务服务形式也是多样化的，因而机制不能一概而论。本书仅选取具有公益一类性质的县级融媒体中心中具有共性实践基础的几类商务服务分别进行讨论。

对于县级融媒体中心而言，商务服务是否在公共服务的框架下开展主要取决于两个指标，一个是服务是否具有营利性，另一个是如果具有营利性，所获收益如何分配。一般来说，公益一类事业单位所提供的商务服务不具有营利性，公共服务属性最为显著；公益二类事业单位的商务服务虽包含营利性，但获利应服务于融媒体中心更好地开展公共服务的根本目标。课题组在调研中观察到，部分作为二类公益事业单位的融媒体中心已将在公共服务的框架下探索商务服务形成系列典型经验，但也有部分融媒体中心在市场化程度较高的经营中模糊了自身与以营利为目的的企业之间的区别。上海的区级融媒体中心因为大部分是公益一类事业单位，不能开展经营性活动，产生了一定的倒逼效应，使得不少区级融媒体中心对非营利性商务服务的探索相对较多，从而能够为全国提供一些可供借鉴的独特经验或对比参照。因此，这个部分以讨论上海实践为主。

（一）与商家合作提供非营利性消费服务

县级融媒体中心与商家合作服务消费者的形式多样，但如果在公共服务的框架里主要有两种形式，一种是直接在县级融媒体平台接入商家各类服务；另一种是发挥媒介功能，以新闻宣传、节目制作与线上线下活动等形式提供服务。同时，两种形式还可能相互结合，呈现出更加丰富的特征。

1. 作为消费服务的内容生产

县级融媒体平台的媒介属性使得它首要的特征就是以内容生产的方式提供商务服务。与其他资讯类经济报道不完全相同的是，此类报道不是简单地诉诸公众的知晓而是诉诸他们的消费,但与商业广告的区别在于它往往是从促进当地经济/行业发展的角度聚焦具体企业,且不收取任何费用,也常与其他形式的服务相结合。因此,这种商务服务的机制通常是县级融媒体中心主动策划,或者主动跟进区域内一些相关的消费活动。这些活动多由政府相关部门或者行业联合会发起,具有提振市场的意义。也是在这个意义上,县级融媒体中心提供的商务服务被认为具有公共服务的属性。

例如:2020年,上海市普陀区融媒体中心针对区内红柳路名车坊一度经营惨淡的情况,策划了"云逛名车坊"的直播节目,"助力4家企业当天销售汽车41台,销售金额1482万元,后续20天内累计销售汽车403台,销售金额达1.44亿元。"①2021年,上海市"五五购物节"期间,普陀区融媒体中心再度策划"看新车省心购,带你提前GET五一梅川路车展热销车型"探营活动,带动汽车累计销售529台,成交额突破1.66亿元。这一类活动是由区级融媒体中心与区商务部门、行业联合会以及企业共同对接,共同商议策划活动主题和形式。

"五五购物节"是2020年4月上海市出台的《关于提振消费信心强力释放消费需求的若干措施》之一,"主要是通过'政策＋活动'的双轮驱动,强化市区联合、政企联手、全城联动,做到本地平台、商家、终端产品全覆盖、全市消费人群全覆盖,最大限度激发市场主体和平台企业的积极性,最大限度放大政策和资金的杠杆作用、乘数效应,最大限度促进消费回补和潜力释放,着力打造最新最潮最划算的购物盛宴、消费狂欢,成为'上海购物'平台的标志性活动。"②该活动的相关要求特别指出,要"充分发挥融媒体优势,整合主流媒体、网络新媒体、户外广告等宣传渠道,全面推介展示城市形象,营造促消费良好氛围"③。该购物节自2020年以来每年举办,各区级融媒体中心全程参加,部分融媒体中心还在其App中开发专题板块,例如:杨浦区融媒体中心"上海杨浦"App开设了"五五购物节来啦"专题板块,聚合区内购物节相关活动资源,推介相关活动情况,同时还开设活动抽奖、问卷调查等互动功能,提升购物节热度,便于

---

① 普陀区融媒体中心.十一"黄金周销售1.5亿元! 普陀这个名车云集的园区今年两度"逆势增长"[EB/OL]. http://www.shpt.gov.cn/shpt/ysdt-touzi/20201012/525549.html.
② 上海市政府新闻办.《关于提振消费信心强力释放消费需求的若干措施》新闻发布会[EB/OL]. https://www.shio.gov.cn/TrueCMS/shxwbgs/2020n_4y/content/d9709240-9fd7-4331-be63-875cfd07431f.html.
③ 澎湃新闻.放大招! 上海将举办"五五购物节",出台这些举措提振消费信心[EB/OL]. https://m.thepaper.cn/baijiahao_7114388

公众参与。

与完全市场化的商业行为不同的是,该购物节活动是在市政府的牵头下,为了提振消费信心释放消费潜力而开展的,与纯粹由商家发起的购物节性质不同。区级融媒体平台只为活动宣传,为交易双方搭台,不介入具体的销售和售后过程,因此,它与其他商业化平台尤其是各类直播平台有本质的区别。

2. 错位提供市场失灵的消费信息服务

市场化的商务服务平台能够提供大量关于衣食住行的消费信息,此类平台面对商家以收费、抽成的方式获取收益,面对消费者则利用大数据以及算法技术为其推送消费趣味高度匹配的信息促成消费。县级融媒体平台也能够汇聚整合一些消费信息,但其工作机制与市场化的平台完全不同。一方面,它通常不以收费、抽成的方式获取收益;另一方面,主要汇聚市场化平台未提供、未覆盖的消费信息,这些消费信息对于县级融媒体平台来说通常也不具有收益转化的能力。同时,县级融媒体中心还能够带动一些体制内的资源共同参与服务,因此具有公共服务的属性。

例如,上海虹口区融媒体中心平台"上海虹口"App 内推出的"平价菜"服务就与市场化的平台形成了鲜明的错位性。该服务是由虹口区融媒体中心和区内老牌菜场——三角地菜场合作提供的,区内居民可查询附近区域的菜场菜价,提供同类菜品的低价提醒,同时还可享受便捷平价的买菜服务。不过,受制于平台技术限制,目前暂时无法在 App 内直接实现购买和支付,需要接入跳转链接至微信小程序购买。作为区内"老字号",在新冠疫情防控阶段,三角地供应保障公司为了更好地满足人们的"菜篮子"需求,也通过"上海虹口"微信公众号及 App 推出了一系列"云套餐"、保供应的民生服务,发挥了重要作用。对此,虹口区融媒体中心负责人在访谈中表示:"区级融媒体平台与区内相关企业合作推出的'平价菜'服务,无法在规模大小、用户流量等多方面与'叮咚买菜''美团买菜'等商业平台相比,因此,不要去和市场上已有的产品竞争,而是要找那些商业化公司不做且只有区级融媒体平台能做的事情。"

3. 与商家合作免费化、福利化消费服务

作为媒体机构,县级融媒体中心具有活动策划的优势,因此能够以与商家合作推出线上线下各类活动的方式为消费者提供服务,其活动达成的机制是县级融媒体中心依托自身平台为商家策划开展宣介,商家不必向融媒体中心支付费用,但需要赠送一些产品或服务给平台用户。对于融媒体平台来说,依然只是扮演了中介角色,但能够起到的效果是三方共赢:既为商家引流,也为消费者带来福利，还能为自身增加用户使用黏性。

这些活动有的是常设性的，作为一个栏目嵌入融媒体平台。例如：上海宝山区融媒体平台"宝山汇"App就嵌入了"享道出行"约车服务，用户只需要直接从该App"享道出行"入口进入即可使用服务，无需跳转至"享道出行"自己的平台。该项服务为"宝山汇"App的用户提供了专属出行优惠券，同时，"宝山汇"App还专门在宝山邮轮港区域为市民提供线上优惠活动，配合宝山区打造邮轮文化旅游景点的需求。

有些活动则是临时性的，例如：2021年中秋节期间，黄浦区融媒体中心与区内老牌餐饮品牌——新雅粤菜馆合作，先后推出线下体验鲜肉月饼制作以及App积分兑换月饼券等活动，活动将线上线下打通，既增加了便利度也增加了丰富性，用户的参与度比较高。崇明区融媒体中心则主动策划主题，推出"秋天第一杯奶茶"的概念，以全区首个"喜茶"店铺的开业为契机，与新开店铺合作推出主打概念为"'上海崇明'请你喝茶"的互动活动，也吸引了不少用户的参与。静安区融媒体中心与"麦咖啡"合作，在静安寺、白玉兰广场等店铺提供新品，同时投放"爱咖啡"线上抽奖活动，中奖用户可到店核销免费咖啡。普陀区融媒体中心则策划开展"越夜越美味——寻味普陀"吃货节直播活动，提供直播餐饮优惠券供App用户领取，该活动共吸引了超过64万人次在线收看。此外，该融媒体中心还与"饿了么"、麦当劳等区内大型商家联合发放消费券，吸引了众多用户的参与，消费券在很短的时间内就领取一空。

此外，还有一种方式是区级融媒体中心与商家合作，为用户提供通过App积分商城兑换各种产品的机会，这种方式不用策划主题活动，而直接由商家提供产品支持，区级融媒体中心负责对产品赋分、兑换。例如：金山区融媒体中心和普陀区融媒体中心App内积分商城所提供的礼品大部分为区内大型企业所提供。不过这种方式比较受限于融媒体中心与企业的合作程度以及企业能够提供的产品种类，因而可能存在与用户需求不匹配的问题。

不过，这样的活动也有一定的风险。对于区级融媒体中心来说，需要对商家、产品有足够的鉴别能力，并且需要签订明确的合作协议，否则有可能遇到各类问题或者变数，伤害平台公信力。同时，需要做好品控，强调社会效益，这对融媒体中心的调研、协商以及全过程管理等提出了很高的要求。但据课题组调研，有专人或者团队负责该项工作的融媒体中心不多，因此，这一类合作的开展有一定困难。

(二) 以商务服务自我赋能

这一类商务服务主要是基于县级融媒体与关联企业之间的合作达成,这里的关联企业一般都是国企,关联是指二者已有各类合作关系。因为是关联企业,所以这一类商务服务的达成是基于二者既有的合作基础。在这一类服务中,双方合作的机制主要由县级融媒体中心提供服务平台并进行主体协调、资源整合等,国有企业则主要负责出资、出技术,有的合作项目则由政府提供专项资金。这是一类特殊的商务服务,它与前述基于个体消费而达成的商务服务不同,此处县级融媒体平台不仅是支持商务服务的中介平台,其本身也成为企业服务的对象,即通过支持企业服务而实现自我赋能。

例如:上海市金山区融媒体中心在其融媒体平台"上海金山"App 推出了基于街镇治理的"智慧吕巷"功能。"上海金山"App 是由东方有线金山公司负责开发的,该公司因为参与了智慧社区建设工程,涉及智慧门禁、视频电话等功能系统,并打造吕巷镇智慧城市建设试点,所以同步将"智慧吕巷"的功能植入"上海金山"App 中,使用该 App 能够实现门禁开关、智能监控、社区管理及基层治理等功能。同时,该 App 还能够通过绑定机顶盒遥控器上的服务键,实现"我的家园""亲情通话""法律援助",以及通过 App 进行电视遥控。

山东省宁津县融媒体中心成立以后即与县内金融、卫生、康养、教育、建设等领域多家企业建立了深度合作关系。2021 年,该融媒体中心与山东广电信通网络运营有限公司、宁津惠宁投资控股集团有限公司联合启动了"智屏融合"全媒体生态体系建设项目,以融媒体平台"智慧宁津"App 为核心,在全县范围内以"新建+整合"深度融合楼宇电梯屏、公交车载屏、站点屏以及户外大屏,在打造"线上+线下"传播渠道的同时,打通中央—省—市—县—乡—村五级传播链条。

从上述案例可以看出,县级融媒体中心通过此类商务服务,一方面支持了关联企业的业务,另一方面通过企业开展业务获得了自我赋能。在上述案例中,县级融媒体平台的公共服务得到了升级,既增强了服务功能,又拓展了服务场景,达成了一种双向支持的关系。

(三) 成立经营性公司实现内部交叉补贴

如前所述,全国的县级融媒体中心基本都是事业单位性质,但是其体量庞大、业务众多,如果完全或者大部分依靠财政拨款,其各项业务开展就可能受到诸多限制。因此,各地县级融媒体中心都在体制机制改革的空间里探索可行的经营渠道。课题组经过调研发现,除了少数作为公益一类事业单位无法开展经营的县级融媒体中心以及少数体制机制改革力度比较大、成立了传媒(新闻)集团整体性地开展事业单位企业化运作的县级融媒体中心之外,目前大部分县级融媒体中心开展经营的方式是成立公司,即采用"中心＋公司"的模式提供商务服务,县级融媒体中心在此处就不是中介性角色,也不是对象,而是主体。

这些公司提供的是营利性质的服务,但之所以把它们放在公共服务的范畴来研究,是因为它们需要通过交叉补贴的方式支持县级融媒体中心开展公共服务。换句话说,这些公司并不直接提供公共服务,而是通过其经营所得收益补贴融媒体中心非经营性业务。

因为这一类公司并不是独立于县级融媒体中心而存在的,其成立就是为了解决县级融媒体中心作为事业单位本身无法"造血"的问题和人员因身份差异带来的雇用、薪资等问题,因此,它们需通过交叉补贴的方式来支持县级融媒体中心的发展。不过,实际情况比较复杂,不同县级融媒体中心成立公司的方式也有所不同,有的是由县级融媒体中心注册成立的,有的是在融媒体中心成立之前就已成立并延续到现在的,有的则是融媒体中心与当地其他国企共同成立的,有的融媒体中心也不止一家公司。此外,它们经营的内容也不完全一样,主业与传媒业相关,有的与当地特色产业相结合,有的则加入了智慧城市建设等业务。这些公司对县级融媒体中心交叉补贴的方式也不一样,很大程度上是因为各地体制机制不完全一样,改革的力度也不一样。所以有的地方需要严格执行"收支两条线"的原则,有的地方则可以完全自行支配收益。

例如:四川省仁寿县融媒体中心于2018年5月组建了国有独资公司四川龙悦文化传媒有限公司,主要承接广告宣传方面的业务,开展市场化经营。在技术需求缺口较大的情况下,仁寿县融媒体中心又与第三方技术公司合股成立了全新的技术公司,既在一定程度上化解了平台升级、运维等方面的技术难题,也通过参与本地智慧城市的建设一定程度化解了资金方面的难题。

江西共青城市的情况有所不同,在共青城市融媒体中心成立之前,其电视台设有产业开发部,专门负责经营创收,每年营收额约200万元。成立融媒体中心后,由于公益一类的事业单位属性,自主营收部门被取消,除了与共青城市党政机关进行部分宣传合作,没有固定的经营性收入。但面对融媒体中心的发展缺少资金的情况,共青城市融媒体中心进行体制机制改革,于2021年7月注册成立了共青城融创文化有限公司,不仅承接当地党政机关的宣传合作项目,还与市内大型商场、企业对接直播、赛事等业务,丰富经营性收入来源,为融媒体中心的发展提供"造血"功能。

浙江省安吉县的情况又不一样。早在2014年,安吉县广播电视台与县新闻宣传中心(报社)、县政府机关信息中心共同组建了安吉新闻集团,对外保留安吉广播电视台的牌子,实行事业单位企业化运作。成立以后的安吉县融媒体中心为公益二类事业单位,与安吉新闻集团属于"两块牌子,一套班子"。因为完全实行企业化运作,所以安吉新闻集团的经营空间更大,现阶段自主营收渠道主要来自广告、演艺、活动、展会、视频等文化创意产业和收视费、智慧城市项目、网络增值、App移动端等智慧信息产业。在文创产业和智慧产业经营上,目前安吉新闻集团按照"一集团(台)四公司"的架构运营,四个公司分别为:安吉县广播电视网络有限公司,主营有线网络业务;浙江文澜信息发展有限公司,主营智慧城市项目;安吉星号电子商务有限公司,主营电子商务;浙江新绿传媒科技有限公司,主营县市广电联盟"游视界"平台和"游视界"本地圈。在自主营收方面,安吉新闻集团经营收入已连续六年保持10%以上增长,2023年该集团的总营收达到了6.67亿元,加之县委、县政府在体制机制改革方面给予了很大的政策支持,集团的各项创收均可根据需要自主支配。

然而,在这样的经营格局里,有一个关键问题需要提出,即是否可能以及如何建立有效的交叉补贴机制以确保收益能够兑现对公共服务的支持?如果这个问题不明确,那么公司的经营方向既可能背离了其创立的初衷,也可能背离了国家建设县级融媒体中心的初衷。

(四) 扶贫助农的带货机制

如前所述,与商业平台不同的是,大多数县级融媒体平台的直播带货是公益性的,不仅不收取费用,而且大多具有明显的扶贫助农性质。此外,县级融媒体中心的扶贫助农带货也不是只有直播这一种形式,还有通过新闻节目、网上商城(产品专区)展示出售、线上线下主题活动联动等多种形式。

就具体合作形式与机制而言,县级融媒体中心先与当地商务部门、农业合作社、农业农村委等进行合作,集纳农户信息,然后在其App平台上采取图文、短视频、H5、网络直播等融媒体形式,对本区域特色瓜果、蔬菜、米粮等农副产品进行推介,尤其针对本地滞销及贫困户生产的农副产品进行带货。不少东部地区的县级融媒体中心还对本地对口支援的偏远地区提供扶贫助农带货服务,与对口支援的地区进行带货合作不是融媒体中心直接与农户对接,而是通过两地的商务部门、农业农村工作部门的对接,将支援地优质农副产品通过直播平台带到本地的餐桌上。有的县级融媒体是与经营农产品的企业商家合作带货,其直播带货主播既有县级融媒体中心的主播,也有当地领导。有的县级融媒体中心使用网红孵化公司签约主播。而非直播的带货形式则主要是在App设置购物专区,当地消费者直接通过专区下单购买或者跳转专门的平台(包括小程序)购买。

例如:上海松江区融媒体中心就在"上海松江"App内开设了"云商圈",商圈内上架了一系列松江本地的农产品和好物优选,用户可以一键下单。同时,该融媒体中心还在App内设置了直播入口实现带货。在推介区内好物的同时,松江区融媒体中心也与对口精准扶贫的西双版纳自治州政府进行直播带货合作。金山区融媒体中心则与区农业农村委合作,在区农委直属的"金山味道"抖音账号上进行直播带货,吸引大批本地果农参与。

此外,与商业化平台不同的是,一些融媒体中心在承接相关直播业务的同时,通过发挥自身在人才、技术、设备等方面的专业优势,开展一系列直播培训。培训对象多为本地农户、商家及企事业相关人员,有效地提升了他们的直播业务能力与媒介素养。

从另一个角度来看,县级融媒体平台针对助农扶贫带货实际上与商业平台形成了错位优势。一方面,这些助农扶贫的产品利润率不高,收益空间有限,不会受到商业平台的青睐;另一方面,县级融媒体平台有资源和渠道对接相关主体,通过承接商业平台不愿意承接的产品,既满足了消费者多样化的需求,也对农户、农村提供了有力的公共服务。

不过,受制于技术、资金、人力等限制,目前县级融媒体平台带货仍然存在不少困难。甘肃省玉门市融媒体中心负责人就表示虽然其融媒体平台"爱玉门"App开设了商超购物功能,但由于货源有限,且无法与淘宝、拼多多等平台竞争引流,愿意打开这一功能的用户数量极少。这更加凸显出县级融媒体平台与商业平台错位带货的重要性,如果带同样的货,县级融媒体平台几乎没有优势可言。在课题组调研中,上海嘉定区融媒体中心负责人表示所遇到的困难是,一方面,农产品对物流要求高,部分售卖的本地农产品只能实现嘉定区内发货,难以实现跨域送货;另一方面,受到技术限制,App无法实现在线同步购买,也无法对物流信息进行跟踪,因此会一定程度地影响带货效果。上海市崇明区融媒体中心则表示,由于没有专门部门负责直播,且相关产品只能以购买链接跳转的形式开展,直播中仅仅进行产品推介,售卖环节只能放在天猫、京东等购物平台,明显影响了用户体验。

因此,县级融媒体平台要想实现扶贫助农的带货功能是有一定困难的,首先受制于技术,其次受制于后续一系列流程的衔接。在扶贫助农的直播带货中,县级融媒体平台实际上既是平台又是交易过程中的主体之一,需要参与的环节比商业平台多,各主体之间的相互关系、相关工作机制还需要进一步理顺。

综上所述,县级融媒体平台所提供的商务服务有多种类型,不同的商务服务,其服务机制不同。需要再次回到一个基本命题:按照国家的初衷,县级融媒体中心到底应该提供什么样的商务服务?我们需要为这个问题树立一个清晰的坐标系:首先,县级融媒体中心不是企业,它所提供的商务服务不能完全与企业一样;其次,县级融媒体中心需要"造血",但它提供商务服务的根本目的不是营利;再次,商务服务是县级融媒体中心公共服务的一部分,而不是外在于公共服务的。因此,能够看到在这个坐标系中,既有探索的空间,也有创新的困难。

第三节　县级融媒体平台的应急服务机制

应急服务与常态服务不同的是,后者的服务机制相对稳定,而前者的服务机制在不同类型的突发事件中有所不同。

需要指出的是,应急状态下的服务通常并非完全异于常态,即常态下县级融媒体平台各项功能依然运转,除非突发事件极具破坏性,对县级融媒体中心的正常运转有显著影响。这种情况极为罕见,多数情况下,应急服务只是在其常态服务体系运转的基础上叠加一些应急功能,并对常态下与各主体对接机制做出一些改变,以更好地适应应急服务的需求。

在突发事件中,县级融媒体平台首要的服务就是及时发布相关应急信息。按照2021年6月国家广电总局和应急管理部印发的《应急广播管理暂行办法》的规定,应急广播播出的信息包括:"(一)国家广播电视总局批准设立的广播电视播出机构制作的节目;(二)县级以上人民政府或其指定的应急信息发布部门发布的应急信息,如事故灾害风险预警预报、气象预警预报、突发事件、防灾减灾救灾、人员转移安置、应急科普等应急信息;(三)县级以上人民政府发布的政策信息、社会公告等;(四)乡(镇、街道)、村(社区)、旅游景区、企业园区等基层管理部门或基层社会治安管理部门发布的所辖区域的社会治理信息;(五)经县级以上人民政府批准的应向公众发布的其他信息。"①该办法也同时规定:"应急广播播出的信息按照紧急程度、发展态势、危害程度等分为紧急类和非紧急类。应急广播应当优先播出县级以上人民政府或其指定的应急信息发布部门发布的紧急类应急信息。"②

具体来说,县级融媒体平台与应急广播系统是双向传播的关系,即"来源于上级应急广播平台或同级应急信息来源单位(应急办、气象局、水利局、地震局等单位)的应急信息进入应急广播系统,经制作处理后形成应急广播消息,可以通过对接接口送达县级融媒体中心的技术系统平台,面向'两微一端'等新媒体终端和网站等进行播发;同时,传统节目制作系统、新媒体节目制作系统以及其他新的业务数据进入融媒体中心的技术系统后,若需要通过应急广播系统面向新建的大喇叭系统或公共广播系统播发,则通过对接接口进入县级应急广播系统平台,由县级应急广播系统控制进行播发覆盖。"③如图4-2所示。一方面,应急广播通常都在各县级融媒体平台(主要是App)上有接入入口;另一方面,应急状态下县级融媒体各平台生产的内容可以通过各级应急

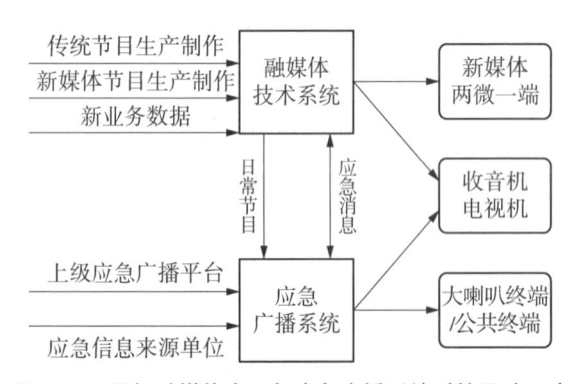

图4-2 县级融媒体中心与应急广播系统对接思路示意
资料来源:刘春江,席岩,丁森华,马艳,李晓鸣.县级融媒体中心与应急广播系统对接技术研究[J].中国有线电视,2020(10):1148.

---

① 国家广播电视总局,应急管理部.应急广播管理暂行办法[EB/OL]. https://www.mem.gov.cn/gk/zfxxgkpt/fdzdgknr/202108/P020210827658223854495.pdf.
② 国家广播电视总局,应急管理部.应急广播管理暂行办法[EB/OL]. https://www.mem.gov.cn/gk/zfxxgkpt/fdzdgknr/202108/P020210827658223854495.pdf.
③ 刘春江,席岩,丁森华,马艳,李晓鸣.县级融媒体中心与应急广播系统对接技术研究[J].中国有线电视,2020(10):1148.

广播系统进行播发。

从图4-2能够清晰地看出,县级融媒体平台上的应急信息主要分为两种,一种是自制内容,另一种则来源于应急广播系统。其中,应急状态下县级融媒体平台自身的内容生产同样遵循前述常态下的纵向三级支持机制。与常态唯一不同的是,在应急状态下县级融媒体中心会收到来自同级应急广播系统的应急信息,这些信息来自上级应急广播电台或同级应急信息来源单位。此时县级融媒体中心需要发挥平台融合的优势多渠道发布、多终端响应。

不同的突发事件的特点有所不同,所以对应急服务的要求也不完全一样。如前所述,一般说来,突发事件历时越长、严重程度越高,身处其中的人们对各类服务的需求就越多。在自然灾害、事故灾难、突发社会安全事件中,只要能够尽快将人们转移到安全地带,危险、伤害和损失就能最大限度地降低或者避免。但突发公共卫生事件和经济危机更特殊和复杂,难以简单地通过将人们转移到安全地带来解决,而且问题的解决往往不是一蹴而就。因此,在自然灾害、事故灾难、突发社会安全事件中,县级融媒体平台的应急服务以应急信息的发布与传播为主。而在突发公共卫生事件和经济危机这种更为复杂的突发事件中,县级融媒体平台除了及时发布和传播各类应急信息以外,还需要提供更多样的平台服务,以线上服务的方式解决线下失灵的问题。

新冠疫情是县级融媒体中心建设启动以后最典型的突发公共卫生案例。自2020年疫情全球暴发以来,不同阶段的疫情发展态势不同,县级融媒体平台所面临的应急服务需求也在变化。因此,在这个问题上,各地县级融媒体平台的应急服务机制差异明显。

抛开差异的部分,就其一般形式来说,各县级融媒体平台在常态服务功能的基础上叠加的应急功能主要涉及以下几类:疫情监测与防护信息服务;受疫情影响无法在线下办理但又十分紧急的服务;针对受到疫情影响出现的社会新需求所提供的服务。

这三类都涉及与多元主体的对接。一方面,准确监测疫情的发生发展情况,及时发布传播防疫各类应急信息,遵循前述县级融媒体平台内部内容生产与应急广播信息两类信息发布机制;另一方面,充分开发县级融媒体平台接入及交互功能,建立应急状态下各类服务线上供给的渠道,并疏通公众表达诉求、意见和建议的渠道。一般说来,疫情不太严重的时候,即基本面上未对当地居民的日常生活产生明显影响时,县级融媒体平台提供各类服务的方式与常态下没有什么不同。但如果当地疫情非常严重,对当地居民的日常生活产生了巨大的影响,这时县级融媒体平台还需要在常态服务的基础上进一步与多元主体协同调动各类资源,最大限度地助力于降低因为出行受阻、市场失灵等因素可能造成的次生灾害。

上述两方面首先需要依靠自上而下的部署,整体性地协调配置相关资源,依据事件的严重和紧迫程度,调动从中央到地方各级的力量,在严重和紧迫程度较高的情况下,可能对现有平台服务格局进行结构性的改变。例如:2022年3月之后,上海市疫情新增详情发布就由市级平台整体性地转移至各区级融媒体平台进行分区发布,这就是应急状态下信息发布格局的结构性改变。上海市各区融媒体中心依托东方网统一上线"区融抗疫专栏",把原本分散在各个板块、栏目、频道的相关服务整合在一起,提供"一站式"服务,这也是应急状态下服务格局的结构性改变。在结构性改变的基础上能够自上而下地建立一种联动机制,即将省域内原本各自独立运营的县级融媒体中心集合在一起共同推出某些应急功能,有些地方甚至突破了省域边界,与外省县级融媒体中心共同推出跨域服务。而上述整体性的应急服务实现的基础都是数据的打通与支持。2023年3月,中共中央、国务院印发《党和国家机构改革方案》,组建国家数据局,其职责为:"负责协调推进数据基础制度建设,统筹数据资源整合共享和开发利用,统筹推进数字中国、数字经济、数字社会规划和建设等,由国家发展和改革委员会管理。将中央网络安全和信息化委员会办公室承担的研究拟订数字中国建设方案、协调推动公共服务和社会治理信息化、协调促进智慧城市建设、协调国家重要信息资源开发利用与共享、推动信息资源跨行业跨部门互联互通等职责,国家发展和改革委员会承担的统筹推进数字经济发展、组织实施国家大数据战略、推进数据要素基础制度建设、推进数字基础设施布局建设等职责划入国家数据局。"①随后,各省相继成立省级数据局,这对未来各类应急状态下提升包括县级融媒体平台在内的各数字化平台的应急服务能力是一个重要的支持。

其次,需要自下而上以及横向的对接,其中的核心是数据的对接。应急信息既需要在地发布传播,也需要向外传播,尤其需要与上级媒体机构建立应急状态下的临时合作机制,这既包括县级融媒体平台常态下纵向支持机制的应急改造,也包括应急状态下新建的合作机制。各类服务也一样,与整体性的自

---

① 新华社.中共中央 国务院印发《党和国家机构改革方案》[EB/OL]. https://www.gov.cn/gongbao/content/2023/content_5748649.htm.

上而下统一部署不同的是,县级融媒体平台自下而上以及横向争取建立的临时服务关系通常都是局部性的,不改变平台服务结构,要么是对现有某项服务的改造,要么是在现有服务基础上的增加,其服务机制也是由县级融媒体中心与相关主体协商而定。

综上所述,县级融媒体平台的应急服务机制不能一概而论,在不同的突发事件中,应急服务机制不同。另外,不同的地域具体情况和基础条件也不同,这对县级融媒体平台的应急服务也会产生不同的影响。但明确的是,应急服务机制并不完全有别于常态服务机制。一般来说,它或是在常态服务基础上增加服务事项和功能,或是对部分常态服务功能进行临时性改造,而最终应急服务机制是否有效主要取决于各级政府自上而下统一部署的能力、县级融媒体中心协同多元主体的能力,以及各类数据的使用、支持能力。

第五章　县级融媒体平台参与社会治理的结构转型

第一节　普遍的结构性制约

从前面几章来看，各地县级融媒体平台参与社会治理的实践呈现出明显的多样性与复杂性，既表现在其参与社会治理的形式上，也表现在其参与社会治理的机制上。本章通过进一步分析认为，多样性与复杂性的背后有一些深刻的共性因素对县级融媒体平台参与社会治理起着结构性的影响作用。

一、基层治理结构的条块分割与县级融媒体中心的协同之困

如杨华所说："县级政权是一级完整政权，组织调动和整合资源的能力较强，但中国体制的特点是权力向上集中、任务向下分配，越往上权力越大、资源越多，越往下权力越小，任务越重。"[1]因而，基层社会往往积压了最多的矛盾和问题，"当前基层治理中'打乱战''折腾式治理''痕迹主义''以会议落实会议''形式主义'等盛行，就与基层治理活力不足，基层用形式主义应对国家治理、地方治理任务有关。"[2]在这样的背景下，国家建设县级融媒体中心，意在构筑一个媒介空间来提升基层社会的活力与能动性，一方面助力在地解决复杂多样的矛盾和问题，另一方面更有效地对接落实国家、省市的政策、体制、制度。因此，如姬德强所说："县级层面的媒体融合绝不仅仅是作为介质的媒介融合和作为行业的媒体融合，而是重组被商业互联网平台打散的基层信息网络，协

---

[1] 杨华.县乡中国：县域治理现代化[M].北京：中国人民出版社,2022.236.
[2] 杨华.县乡中国：县域治理现代化[M].北京：中国人民出版社,2022.237.

同参与和系统助力基层治理的战略决策。"①

县级融媒体中心建设是一项由中宣部牵头、省市县各级宣传部门对接的工程,它主要是由宣传条线负责推进的。然而,县级融媒体中心的建设任务不是单由宣传条线的推进就能够完成的。2019年1月由中宣部和国家广电总局发布的《县级融媒体中心建设规范》要求:"a)应按照移动优先的原则,利用移动传播技术,形成渠道丰富、覆盖广泛、传播有效、可管可控的移动传播矩阵;b)应按照'媒体+'的理念,从单纯的新闻宣传向公共服务领域拓展,增强互动性,从单向传播向多元互动传播延伸,将媒体与政务、服务等业务相结合,提供多样化综合服务,满足用户多样化的需求,开展'媒体+政务''媒体+服务'等业务;c)应开展综合服务业务,面向用户提供政务服务、生活服务、社交传播、教育培训等服务。"②县级融媒体中心是对县域内原有广播电视、报刊、新媒体等媒体资源进行深度融合的产物,作为一个新型媒体机构,单靠其自身是无法完成向公共服务领域拓展要求的,它必须诉诸多元主体的协同配合,具体如郑保卫和张喆喆所言:"在资金方面,需要财政支持;涉及编制问题,需要编办支持;在绩效考核、人事制度、社会保障制度等方面,需要人社局支持;政务数据资源融合,需要经信局等支持;行业培训,需要上级媒体机构和高校支持等。"③

但在实践中,县级融媒体中心与多元主体的协同并不容易达成,上述功能设计难以实现,归根结底是因为一个结构性困境的存在——"县级融媒体中心建设"这项国家战略,从中央到地方的纵向对接机制相对清晰,即通过宣传条线层层传导,但缺乏明确的横向协同机制。虽然在县级层面,县委宣传部是常委负责部门,县委宣传部长是县委常委,但并不是所有的县都能够将县级融媒体中心建设置于关系全局工作的层面来看待,因而往往难以形成县级层面的顶层设计,导致职能部门很难将与县级融媒体中心的协同转化为"分内事",即使融媒体中心通过主动出击能够达成部分协同往往也难以持续。

此外,各职能部门也缺乏与县级融媒体中心协同的动机。据课题组调研,原因有三:第一,过去,县级媒体的社会影响力普遍比较有限,融媒转型在短期内也难以显著提升其社会影响力与社会效用;第二,媒体机构的主责主业被认为是新闻宣传,县级融媒体中心在基层治理中的角色和潜能仍未被充分地认

---

① 姬德强.平台化治理:传播政治经济学视域下的国家治理新范式[J].新闻与写作,2021(4):23.
② 中共中央宣传部 国家广电总局.县级融媒体中心建设规范[EB/OL]http://www.nrta.gov.cn/art/2019/1/15/art_114_43242.html.
③ 郑保卫,张喆喆.县级融媒体中心建设:成效·问题·对策[J].中国出版,2019(8):6.

知,因此,在其他职能部门眼里,与融媒体中心的交集不多;第三,不少职能部门在县级融媒体中心建设之前已有自己开发或者稳定合作的线上平台,县级融媒体中心的各类平台对其必要性不足,尤其是如果它们已使用的平台相对成熟,覆盖率、使用率较高或者功能更齐备,县级融媒体中心对它们的价值就会进一步打折扣。

不仅如此,在某些区域,正因为管理架构中只有宣传部门,其对县级融媒体中心建设的要求和考核就主要围绕宣传部门自身职责领域即新闻宣传而展开。课题组调研发现,地方政府普遍重视本县融媒体中心的考核排名,因为正如袁鸣徽所说:"党的十八大以来上级部门工作以各种方式被纳入县级对乡镇的综合考核范围,基层考核指标体系膨胀,考核项增加,单项分值细化。……尽管从总分占比来看,宣传思想文化工作在全县综合考评方案中依然只占2—3分,但是它对地方官员政绩竞争的重要性大幅提升。"①也如李东晓和潘祥辉所说:"信息市场是地方政府竞争的重要场所,而且至关重要。"②这样一来,会对县级融媒体中心的运作产生指挥棒效应——使得那些不纳入考核的任务就会不被重视甚至放弃。在调研中,一些县级融媒体中心负责人向课题组直言,他们的主要精力都投入在新闻宣传上,"政务+服务"的多元探索纯属"良心活儿"。

因此,如谢新洲所说:"县级融媒体中心的建设不能只靠一县一部的力量,牵扯到的政策导向、资源分配、利益调节、资金紧缺等问题必须依靠中央和省级层面的统一部署、高位推动才能解决,但是各县内部环境不一样、媒介生态不一样,需要根据各县经济实力、资源配置、政治生态、文化氛围、工作习惯等设计出具有针对性、操作性、科学性的建设方案,采取'标准化+个性化'的思路,既给统一框架,又有自主空间。"③

各县情况不同的突出表现之一就是财政方式。目前全国的县级融媒体中心大致可以分为三类,即财政全额拨款、差额拨款和不拨款。从课题组调研的情况来看,完全不拨款的很少,全额拨款的次之,大部分是差额拨款。对于财政完全不拨款和差额拨款的县级融媒体中心来说,有较大的营收压力。一方面,与国家级、省市级媒体以及一些商业性媒体平台不同的是,县级融媒体中

---

① 袁鸣徽.大宣传战略下的县级融媒体中心实践研究[J].新闻与传播研究,2023(7):48.
② 李东晓,潘祥辉.分权体制与地方政府的媒介治理:以"守土有责"的地方性理解与实践为视角[J].新闻记者,2016(5):67.
③ 谢新洲.县级融媒体中心建设的四梁八柱:融合、创新、引导、服务[J].新闻战线,2019(2):47.

心所面对的市场较小,尤其在广大的中西部地区,还有不少县域刚刚脱贫,市场发育有限、活跃度不高,各类资源比较有限。同时,县级融媒体中心的内容生产能力和受众消费转化能力普遍比较有限,这使得它们从县域市场换取资本支持的难度非常大,往往需要花很大力气寻求变现途径。而参与基层治理对于县级融媒体中心来说往往不仅难以变现而且需要持续投入,因此就容易使得它们无暇顾及或者没有足够的动力去探索。另一方面,对于一些全额拨款的县级融媒体中心来说,因为很难实现绩效拉差,容易形成"干好干坏一个样"的局面,从而也使得它们缺乏参与基层治理的动力。这样一来,"政务+服务"就更容易沦为"良心活儿"。

不过,县级融媒体中心的结构性困境也许能够通过省级技术平台的支持得到一定程度的化解,省级技术平台能够使得省内部分治理资源通过向其开放端口或者与之建立专项合作的方式在县级融媒体 App 平台上实现融合,这通常由省里统一部署或者以省级技术平台与相关职能部门协商的方式实现。这一方面降低了县级融媒体中心与相关部门协商的难度和成本,另一方面也使得省内各县融媒体中心业务上互联互通具有了技术基础。此外,这也能最大限度地保证治理数据的安全,实现对数据的自主可控。因此,国家明确要求"县级融媒体中心应优先利用省平台资源,结合实际情况进行部署,已建设的系统应逐步对接到省平台。"[①]

然而,据课题组调研的情况来看,实践推进的状况比较复杂。首先,各省建设速度不一样,有些省级技术平台在县级融媒体中心挂牌时还没建好,有些甚至在今天都还没完全实现全省县融对接或者充分应用。其次,有些县级融媒体中心早在挂牌之前或者建设初期就自行购买了第三方公司的媒体服务系统,或与第三方公司合作开发了 App,直到今天也没与省级技术平台对接或者对接有限。有的因为已习惯使用原有系统,有的则因为所在省(市、自治区)的技术平台研发能力尚不能满足其个性化需求。因此,有个别县级融媒体中心会同时使用两个 App,一个与省级技术平台对接,另一个则由第三方公司开发,前者应对国家要求,但几乎处于闲置或者有限使用的状态,而后者才是其实际使用的主要平台。另外,虽然省级技术平台可能一定程度上有助于县级融媒体中心达成与其他职能部门的协同,但更多的是在省级层面的统一对接,对不同县域应用的下沉比较有限。加之目前大多数省级技术平台对各县个性

[①] 谢新洲.县级融媒体中心建设的四梁八柱:融合、创新、引导、服务[J].新闻战线,2019(2):47.

化需求的实现程度比较有限,因而在当下实践中赋能县级融媒体中心参与基层治理的程度比较有限。

除了上述体制机制结构以外,人员构成也可能产生一些结构性制约,最显著的表现是县级融媒体中心主要领导的出身。课题组在调研中了解到,县级融媒体中心主任一般来源于三个途径:一是由县委宣传部副部长兼任,二是由原有县级媒体(如报社、电视台)单位领导担任,三是由当地整个事业单位系统内部其他部门领导调动任职。其中,第三类调动是双向的,在课题组跟踪调研的五年间,有些县级融媒体中心主任已调动到其他部门岗位,这些调走的县级融媒体中心领导也包括第一类和第二类。从优势来看,事业单位系统内部流动任职可能为县级融媒体中心带来一些治理资源,建立一些合作关系,使其更好地参与基层治理;但从劣势来看,县级融媒体中心是一个对专业技术要求比较高的单位,完全没有新闻宣传相关任职背景的领导可能难以在短期内把握媒体单位与其他事业单位的不同之处,从而更容易强化罗昕和蔡雨婷所指出的"县区级融媒体与当地政府往往形成非对称依赖关系,这可能降低媒体行动的自主性。"①此外,流动任职也可能在一定程度上影响决策的长远性与稳定性,尤其是参与基层治理这种"长线工程"会受到比较明显的影响。

此外,如果将县级融媒体中心与前述合作的新时代文明实践中心做一对比,其结构性问题更加凸显。根据 2018 年 7 月通过实施的《关于建设新时代文明实践中心试点工作的指导意见》,该中心实行的是三级设置,即"在县一级成立新时代文明实践中心,由县(市、区)党委书记或专职副书记担任中心主任,中心办公室设在县(市、区)党委宣传部,宣传部部长担任办公室主任。在乡镇一级成立新时代文明实践所,由乡镇党委主要负责同志担任所长。在村一级设新时代文明实践站,由村党组织主要负责同志担任站长。"②从横向看,这样的管理架构使得新时代文明实践中心虽然也由宣传条线负责具体管理,但能够通过党委主要领导的任职借力,从而使得具体工作在需要对接多元主体、整合多方资源时更容易达成。从纵向看,党委主要领导牵头的三级设置结构使得新时代文明实践中心业务下沉以及各级联动、合作都有了体制保障。但县级融媒体中心建设战略没有设置基层党委主要领导的任职,因此,无论是

---

① 罗昕,蔡雨婷. 县区级融媒体参与基层治理的资源依赖研究[J]. 现代出版,2021(5):71.
② 中央全面深化改革委员会. 关于建设新时代文明实践中心试点工作的指导意见[EB/OL]. http://wenming.enorth.com.cn/system/2019/12/09/037845392.shtml.

横向协同还是进一步纵向下沉,例如前文所述一些县级融媒体中心自主开设融媒体分中心、工作站以及维系一支通讯员队伍都存在难度较大、投入和稳定性有限等一系列问题。

二、平台内部的结构性矛盾

对于县级融媒体中心来说,上述条块分割的治理结构是影响其参与基层治理的外部结构性矛盾,除此之外,内部的结构性矛盾也会对其产生影响。尽管作为媒介化治理平台,县级融媒体平台突出的特性就是将新闻宣传与公共服务相互融合,这是它既区别于其他媒体也区别于其他基层数字治理平台的独特之处。然而在当下的实践中,其平台各板块实际的融合度与协同性普遍比较有限。这表面看是一个业务方式问题,但背后有两层结构性的问题。

首先,这与县级融媒体中心的内部架构有关。从课题组的调研来看,现在绝大多数县级融媒体中心能够做到打破原有不同媒体平台之间的生产壁垒,按照融合生产的要求实现新闻的"一次采集、多种生成、全媒传播",原有不同媒体平台的记者也在朝着"全媒体记者"的方向要求和培养,但这仅仅是针对新闻生产而言的架构设计。相比之下,根据"政务服务商务"的职能考量来设计内部架构的县级融媒体中心比较少。从课题组的调研来看,有些融媒体中心完全没有相应的架构设计,有些融媒体中心成立了相关部门,但既缺乏明确的业务规划,也缺乏与新闻生产板块的融合、协同工作机制,呈现出各自为政的局面。

因此,各县级融媒体中心不同程度地出现了以下几种情况。第一,把业务重点放在新闻及其他内容的生产上,平台的其他服务形式比较有限,有些是平台设有各类服务入口,有些是平台接入少许基础性的服务,且服务能力比较有限。这与县级融媒体中心的组建方式有一定的关系。县级融媒体中心是由县域原有各类媒体合并而成的,无论从原有业务还是从人员构成来说,其主力军都出自内容生产。在新型平台上开拓新的服务方式,对于原班人马来说并非易事,没有现成的经验和方案,只能结合实际情况、现有条件去摸索和尝试。第二,缺乏固定的团队、人员和基本规划,因而一些服务功能的提供具有临时性、偶然性、不可持续性。有些县级融媒体中心没有固定的团队和人员负责各类服务功能的开发与深耕,因而在与其他主体合作时,推进的程度与效果都会受到影响。例如:在调研中,多家县级融媒体中心向课题组反映用户在平台的

"爆料"没有专人和专门的团队去对接,所以当平台接收到信息,就只能临时抽调各部门的人进行处理,这不是长久之计。第三,与前两点有一定关联的是,县级融媒体中心除了内容生产以外,对其他形式公共服务的评估和评价标准不明。从外部来看,上级主管部门、媒体机构等给出的各类排行榜主要针对其内容生产进行可量化、可赋分的评估评价,但是其他形式的公共服务难以进行类似的评估评价;从内部来看,县级融媒体中心对人员的考核方案通常也不包含对内容生产以外其他形式服务的考量,因此,对开展这些工作的人员既没有约束也没有激励。

其次,县级融媒体平台各板块融合度和协同度不高还体现在当下的新闻及其他内容生产普遍没有足够地体现公共服务的意义,这背后也有一个结构性的问题。尽管不少县级融媒体中心将新闻及其他内容生产作为自身最为核心的业务,但普遍没有从根本上厘清两个问题:第一,县级融媒体中心与过去各类县级媒体的内容生产究竟有什么不同;第二,县级融媒体中心与上级媒体究竟有什么不同?它们的不同不应该只体现在内部架构与生产流程上,其内容与服务功能也应该有所不同。

如前所述,县级融媒体中心建设战略是国家治理能力与治理体系现代化在基层的创新之举,因此,它的内容生产既不应该只是对过去各类县级媒体内容的简单加总,也不应该是对上级媒体内容的复刻,而应该对基层社会治理的命题有所回应。这就要求县级融媒体中心在内容生产上要足够下沉,并且要有确定的机制来对此进行保障。只有在基层社会有足够下沉,从基层社会明确自己的角色任务,县级融媒体中心才能体现出内容生产的公共服务性。

例如:贵州省石阡县融媒体中心App平台一方面接入了新华睿思系统,借助云计算、大数据、人工智能算法等技术进行社会监测、需求识别;另一方面,该县融媒体中心也很重视线下工作,安排专人下沉到少数民族聚居的社区、村落采集民声民意——走入"扶贫车间"采集当地群众对扶贫搬迁后家园安置问题和就业增收问题的意见和建议;摸清贫困户家庭基本状况,对他们进行入户采访,了解其对扶贫政策的看法以及生活中的实际困难。新华社不仅刊发了系列报道"我的扶贫故事",而且对问题的呈现为相关部门的决策、服务的精准供给提供了有效的依据。

除了记者的下沉以外,县级融媒体中心还需要建立明确的机制充分发挥各村(街)镇、各单位融媒体分中心和通讯员队伍的作用。如前文所述,全国不少县级融媒体中心建立了分中心或者通讯员队伍,但是不同程度地存在与县级融媒体中心之间工作机制没理顺的问题。县级融媒体中心与分中心和通讯员队伍之间的工作机制不是只有一种,但需要明确的是,二者之间的关系是双向的,能否拓宽其双向作用,使得各类分中心和通讯员队伍既能够对县级融媒体中心记者的下沉起到补充作用,又能够与其下沉互相作用,这样才可能使县级融媒体中心的内容生产真正打开局面。也只有这样,内容生产的板块才能与其他服务板块更好地融合与协同,从而既区别于过去的县级媒体,也区别于上级媒体。此外,通过"融媒号"进驻上级媒体互联网平台等方式,县级融媒体中心能够打通整个传播链条,使得关于基层社会的传播效应倍增,从而凸显下沉的意义,这个打通各级的传播链条内在于整个国家治理的纵向链条。在这个意义上,县级融媒体中心的内容生产与传播方式才具有助力基层社会治理的可能。

第二节　结构性破解的空间与可能的路径

一、县委、县政府——外部结构中的焦点

在条块分割的治理结构中,县委、县政府是交汇点——它既是科层体系中县域社会的顶层,又是县域各职能部门的总领,杨华在《县乡中国:县域治理现代化》一书里提供了基于最近几年在县域调研中的一个重要观察:"从中央到地方部门的权力在强化,同时县一级党委、政府对部门资源的整合能力也在增强……主要表现在:一是对条线部门资源的整合能力增强,整合的速度加快、力度加大;二是县委书记自主的空间加大,只要他想干的事情,全县条线部门就会集中资源助其实现。"[①]这在县级融媒体中心的实践中也有所体现,县委、县政府也是其在一定程度上破解外部结构之困的关键。

县委、县政府对县级融媒体中心的支持主要分为两种路径,一种是直接的政策倾斜、资源投入,另一种是参与问政节目以及支持"爆料"系统运转。

课题组所调研过的四川省仁寿县融媒体中心、河南省项城市融媒体中心与浙江省安吉县融媒体中心等得到的支持都属于第一种路径。仁寿县把融媒体中心建设列为县委深化改革重点事项,其内部机构设立也纳入了全县机构

---

① 杨华.县乡中国:县域治理现代化[M].北京:中国人民出版社,2022.5.

改革计划并优先进行,这为仁寿县融媒体中心首先破除了体制机制改革的障碍,为特殊政策的争取、后续建设设想的落地、各类资源的引入、创新实验的开展等都奠定了基础。河南省项城市(县级市)早在2016年就开展了县级融媒体中心建设的尝试,并为此专门成立了由市委书记任组长、市长任常务副组长、宣传部部长兼任办公室主任的媒体融合工作领导小组,制定并发布了《中共项城市委关于完善项城市融媒体中心发展的实施意见》等政策文件,并在项城市委市政府层面多次召开专题会议,这对后来项城市融媒体中心的迅速发展至关重要,并为其后续体制机制的持续改革创新提供了保障,这也是项城市融媒体中心2018年能够脱颖而出成为中宣部重点推动的县级融媒体中心五个试点样本之一的重要原因。浙江省安吉县融媒体中心虽然没有获得县委、县政府的财政拨款,但是获得了大量的政策和独家资源支持,例如:该中心可以承接各乡镇(街道)部门政务宣传及相关服务项目,按重大事项程序进行管理,承接智慧安吉的建设任务,以及建设由县委、县政府主导的安吉县优质产品"两山汇"自主线上销售体系等。

  杨华在对基层的调研中发现:"中央到地方部门的权力在强化,同时县一级党委、政府对部门资源的整合能力也在增强。这是一个悖论现象。"[①]理论上,垂直程度的增加会导致直属地方党委、政府主导程度减弱,但实际上,县委、县政府的权力不仅没有因为条线部门权力增强而削弱,反而完成了权力扩张。杨华观察到:"县级党委、政府主要是以政治的名义来调动条线部门的资源。……县级党委、政府会以某项工作为龙头、为抓手来统领县域内其他工作,不仅其他工作要配合,还要通过该工作来带动其他工作。"[②]这是一个"块块"整合"条条"的过程,也是一个打破前述条块分割结构的过程。具体来说,一方面,条线部门配合和支持县委、县政府的工作被认为是"讲政治""讲大局",这种政治正确对于任何条线部门来说都是必不可少、不可替代的;另一方面,基层治理是一项事关全局的政治任务,它既不可能仅仅依靠县委、县政府自身完成,也不可能仅仅依靠某个单一条线完成,因此,县委、县政府需要整合部门资源。从这个意义上来说,县委、县政府以县级融媒体中心为平台整合部门资源并不旨在帮助县级融媒体中心,相反,其主要逻辑在于通过对县级融媒体中心的赋权以及在此基础上的部门资源整合,更好地完成基层治理这项政

---

① 杨华.县乡中国:县域治理现代化[M].北京:中国人民出版社,2022.3-4.
② 杨华.县乡中国:县域治理现代化[M].北京:中国人民出版社,2022.6.

治任务。因此,如蔡雨婷和罗昕所说:"中国的社会治理以党委领导、政府主导,媒体嵌入治理呈现出与地方政府工作任务同构的鲜明特征。"①

从根本上说,问政节目也是同样逻辑,它是县委、县政府对县级融媒体支持的第二种路径,其主要形式既包括县委书记、县长的直接参与,也包括各职能部门领导在县委、县政府统一部署下的共同参与。传统媒体主要通过批评报道的方式参与社会治理②,这是舆论监督的一种形式。在这种形式下,媒体通过自身行动促使相关部门跟进从而解决问题。作为媒体机构,县级融媒体也能直接通过批评报道参与治理,但在各地调研中,课题组发现批评的空间比较有限,一方面如杨华所说,县域社会是扩大了的熟人社会,人员关系错综复杂,所以批评报道往往会面临巨大的压力和阻力;另一方面,县级融媒体作为基层媒体,批评报道以同级监督为主③,这也加大了难度。因此,就课题组的调研来看,目前批评报道不是县级融媒体参与基层治理的主要形式,相比之下问政节目以及"爆料"功能的设置更为普遍。

上述两种路径虽然表现形式不同,但是底层逻辑相同——不是县委、县政府对县级融媒体简单"做增量",而是以对它的赋权来整合部门职能。县委、县政府整合部门职能的着眼点并不在于利于宣传条线、利于县级融媒体中心本身,而在于优化全局工作。如杨华所说:"在条块关系互动博弈中,只有真正重要的或事关全局的部门事务才会成为县级党委、政府的政治任务,县级主要领导才会倾注注意力。而一般性的部门事务,则很难受到县级主要领导的重视。"④

然而,这样一来,有可能导致"卖方主义"现象:"即媒体在行动中以满足政府部门意志为第一要务,偏离参与治理的目标。……在一些合作项目中,融媒体方会将政府方视为客户,秉持'为客户服务'的理念。在'委托—代理'的关系模式下,媒体服务社会治理的目标可能被置换为服务政府需求。"⑤我们也需警惕:"媒体基于考核和经济压力,过度服务行政利益,使得基层新闻宣传工作脱离'引导群众,服务群众'的政治要求,转变成行政系统内部的运作过程,造

---

① 蔡雨婷,罗昕.县级融媒体参与基层治理的资源整合模式:基于四县的实证研究[J].新闻记者,2024(6):26.
② 孙五三.批评报道作为治理技术:市场转型期媒介的政治-社会运作机制[M]//张国良,黄芝晓.全球信息化时代的华人传播研究:力量汇聚与学术创新.上海:复旦大学出版社,2004.
③ 韩春秒.县级融媒体中心问政类节目融入基层治理的可行路径[J].现代视听,2022(12).
④ 杨华.县乡中国:县域治理现代化[M].北京:中国人民出版社,2022.11.
⑤ 罗昕,蔡雨婷.县区级融媒体参与基层治理的资源依赖研究[J].现代出版,2021(5):71.

成体制空转。"①

二、数字化转型的复杂性与破解的可能性

如胡正荣所说:"县级融媒体中心不仅仅是媒体的基层单位,同时也构成了国家开展社会治理的基础,这符合当前党和国家对基层社会治理现代化的要求。国家正在通过一种总体性的技术规划,将传播力量纳入社会治理的范畴之内,并把它作为一种社会治理方式,解决现阶段人民日益增长的美好生活需要和不平衡不充分的发展之间的矛盾。"②从这个意义上来说,媒体融合既是媒介化社会的典型表征,也是社会治理数字化转型的重要抓手。

县级融媒体中心建设是媒体融合整体战略的一部分,从推进路线与逻辑来看,媒体融合战略与国家治理体系是逐层对应的——县级融媒体中心建设对接国家基层治理现代化命题。如周逵与黄典林所说:"区县一级媒体的未来发展,是融媒体发展态势下国家媒体改革发展整体框架中基层一端的关键,从长远来看是事关整个基层治理和政局稳定的关键,因此势必要求从全新的媒介生态和政府治理逻辑出发,对县级融媒体进行重新定位、规划和组织再造。"③

然而,根据前面的分析可以看出,在实践中,县级融媒体与基层治理往往呈现出一种悖论关系:一方面,国家试图通过县级融媒体"新闻+政务服务商务"的功能设计,一定程度地突破条块分割结构的治理局限;但另一方面,县级融媒体中心在现实推进中又较大程度地受制于条块分割的治理结构。如刘海颖和赵晓峰所言:"数字平台的建设不仅是政府进行数字治理的一个缩影,更是政府内部条块关系调整与部门利益博弈的直接展现。"④因此,破解悖论的关键在于县委、县政府,因为在基层社会中只有它能够触发治理格局的结构性变动,使得原本条块分割的格局实现一定程度的条块结合。而归口宣传部管理的县级融媒体中心只有在条块结合的情况下才有可能激活上述功能设计,赋能基层治理。如蔡雨婷和罗昕所说:"县级融媒体建设需要将媒体融合上升为

---

① 袁鸣徼.大宣传战略下的县级融媒体中心实践研究[J].新闻与传播研究,2023(7):54.
② 胡正荣.打造2.0版的县级融媒体中心[J].新闻界,2020(1):27.
③ 周逵,黄典林.从大喇叭、四级办台到县级融媒体中心:中国基层媒体制度建构的历史分析[J].新闻记者,2020(6):22.
④ 刘海颖,赵晓峰.数据即权力:数字平台建设中的部门博弈与整合[J].电子政务,2024(4):69.

'一把手工程',通过高位推动来统筹、协调与整合县域党政资源,向融媒体建设倾斜赋能。"[1]从这个意义上来说,媒介化治理不是单靠媒介就能够达成的,它需要获得县委、县政府触发的系统性动力机制。相比之下,媒介治理强调媒介作为社会主体的一部分,主要以监督者的身份介入治理过程,其所产生的效应往往是事件性、局部性和即时性的,并不是常态性、以治理的结构性变化为前提。这是媒介化治理与媒介治理的区别之所在。

基于此,县级融媒体平台有效地参与基层治理,首先需要获得横向协同的制度性安排,从而一定程度地破解其身处"条"的末端且难以协同"块"的结构困境;其次,县级融媒体平台既需要突破传统业务形态,又需要突破扁平的多元主体互动逻辑,而要具有整体性视野,站在本县全局工作的角度,创新介入基层治理的思路,自下而上地争取县委、县政府的支持,实现双向借力,破解结构性困境。

从这个意义上来说,技术不断迭代的现实使得媒介在治理中的潜能有所提升,但不必然能够实现对治理的实质赋能。正如刘海颖和赵晓峰所说:"在数字平台中,权力运作往往隐藏于技术之后。人们看到的更多是技术对平台的影响,从而忽略了技术和平台背后的权力运行。也就是说技术解构了以物理空间为载体的权力运行场域,实现了权力运作的场域隐遁。"[2]因此,不能仅仅在技术本身的维度研究社会治理数字化转型中的县级融媒体平台,也不能割裂线上与线下,而需要看到其背后复杂的权力结构,并在此基础上找到一些破解的方法,这样才有可能使得基于县级融媒体平台的媒介化治理成为一个更加有效的实践命题,而不仅仅是一个理论命题。

---

[1] 蔡雨婷,罗昕.县级融媒体参与基层治理的资源整合模式:基于四县的实证研究[J].新闻记者,2024(6):28.
[2] 刘海颖,赵晓峰.数据即权力:数字平台建设中的部门博弈与整合[J].电子政务,2024(4):70.

参考文献

Dawes S. The evolution and continuing challenges of e-governance [J]. Public Administration, 2008.

Enli G S. Redefining public service broadcasting: multi-platform participation [J]. Convergence: The International Journal of Research into New Media Technologies, 2008,14(1).

Grandy O H. The digital divide: citizens vs consumers//Lievrouw L A, Livingstone S (ed). Handbook of New Media: Social Shaping and Consequences of ICTs [M]. London, UK: SAGE Publications Ltd, 2002.

Hearns-Branaman J O. A political economy of news media in the people's republic of china [J]. Westminster Papers in Communication and Culture, 2009,6(2).

Helm D, Green D, etc. Can The Market Deliver? Funding Public Service Television in the Digital Age [M]. John Libbey Publishing, 2005.

Jho W, Song K. Institutional and technological determinants of civil e-participation: solo or duet? [J]. Government Information Quarterly, 2015.

Maxwell J, Tomlinson J, Proving algorithmic discrimination in government decision-making [J]. Oxford University Commonwealth Law Journal, 2020.

McNutt K. Public engagement in the web 2.0 era: social collaborative technologies in a public sector context [J]. Canadian Public Administration, 2014.

Mossberger K, Wu Y, Crawford J. Connecting citizens and local governments? social media and interactivity in major U.S. cities [J]. Government Information Quarterly, 2013.

Rosenbaum H, Fichman P, Algorithmic accountability and digital justice: a critical assessment of technical and sociotechnical approaches [J]. Proceeding s of the Association for Information Science and Technology, 2019.

Zygmunt Bauman. Liquid Modernity [M]. Polity Press, 2000.

蔡振华,赵友华. 人工智能时代的公共服务需求治理:动力与方向[J]. 宁夏社会科学,2020(2).

参考文献

常江,何仁忆.我们生活在"万物媒介化"的时代——媒介化理论的内涵、方法与前景[J].新闻界,2020(6).

陈国权,付莎莎.传播力建设的最后一公里——县级融媒体中心建设路径[J].新闻与写作,2018(11).

崔保国,刘金河.论网络空间中的平台治理[J].全球传媒学刊,2020(1).

丁和根,孔令博文.地市级媒体融合发展的理论向度、现实挑战与操作[J].当代传播,2020(11).

丁和根.媒介介入基层社会治理的现状、角色与维度[J].新闻与写作,2021(5).8.

段鹏.媒体融合时代县区广播电视公共服务标准化的问题与路径[J].中国电视,2020(7).

丁和根.县级融媒体中心核心功能的实践路径与保障条件探析[J].南京师大学报(社会科学版),2020(7).

丁伟,孙福庆."一网通办"法律规制[M].北京:法律出版社,2020.

董幼鸿等.上海城市运行"一网统管"的创新和探索[M].上海:上海人民出版社,2021.

方提,尹韵公.论县级融媒体中心建设的重大意义与实现路径[J].现代传播,2019(4).

方兴东,严峰.网络平台"超级权力"的形成与治理[J].人民论坛-学术前沿,2019(14).

傅正科,吴飞.超越陌生:社区整合与公共家园的媒介建构[J].新闻界,2015(9).

葛明驷.元治理体系构建:县级融媒体与基层社会治理创新[J].现代传播,2021(12).

郭静.关键理论亦或概念潮流:媒介化理论再反思[J].新闻界,2020(8).

郭全中.县级融媒体中心建设的进展、难点与对策[J].新闻爱好者,2019(7).

韩兆柱,马文娟."互联网+"背景下智慧城市建设路径探析[J].电子政务,2016(6).

何继新,李莹.公共服务供给"共建共享"的创新转向:一个网络化治理论纲[J].长白学刊,2017(1).

何志武,陈天明.乡村社会治理视域下县级融媒体的服务加冕与行动框架[J].西南民族大学学报(人文社会科学版),2021(11).

胡正荣,李继东.中国广播电视公共服务体系:目标与实践研究[M].北京:中国广播电视出版社,2010.

黄楚新,王丹丹.县级媒体融合发展的创新路径[J].出版发行研究,2018(12).

黄楚新.充分发挥县级融媒体在基层社会治理中的作用[J].中国广播,2020(8).

姬德强.媒体融合与国家治理体系的平台化转型[J].青年记者,2020(4).

姬德强.平台化治理:传播政治经济学视域下的国家治理新范式[J].新闻与写作,2021(4).

江必新.国家治理现代化与社会治理[M].北京:中国法制出版社,2016.

蒋锐,俞虹.作为公共服务平台的县级融媒体中心:一种基层治理的视角[J].现代传播,2021(2).

敬乂嘉."一网通办":新时代的城市治理创新[M].上海:上海人民出版社,2021.

李彪.县级融媒体中心建设:发展模式、关键环节与路径选择[J].编辑之友,2019(3).

李春雷,申占科.媒介化治理:概念、逻辑与"共识"取向[J].新闻与写作,2023(6).

李增军,刘勇,李馨.提升县级融媒体中心公共服务水平:玉门打造西北区域综合性县级融媒体示范中心的实践探索[J].新闻战线,2021(1).

刘建华.县级融媒体的"四梁八柱"[M].北京:中国书籍出版社,2024.

刘须宽.国家治理体系和治理能力现代化[M].北京:人民日报出版社,2019.

栾轶玫.信息传播与公共服务:县级融媒体中心建设的"双融合"[J].视听界,2018(9).

罗昕,蔡雨婷.县级融媒体创新基层社会治理的模式构建[J].新闻与写作,2020(3).

罗昕.网络社会治理研究[M].广州:暨南大学出版社,2020.

吕德文.基层中国:国家治理的基石[M].北京:东方出版社,2021.

吕鹏,王明漩.短视频平台的互联网治理:问题及对策[J].新闻记者,2018(03).

沙垚.重建基层:县级融媒体中心实践的平台化和组织化[J].当代传播,2020(1).

沈阳,闫佳琦.县级融媒体中心建设的思考[J].中国出版,2018(11).

沈志荣,沈荣华.公共服务市场化:政府与市场关系再思考[J].中国行政管理,2016(03).

施蒂格·夏瓦.文化与社会的媒介化[M].上海:复旦大学出版社,2018.

石力月.基层社会治理创新:县级融媒体中心建设的问题意识与逻辑起点[J].现代视听,2020(12).

石力月.乡村振兴背景下县级融媒体中心的对农内容生产[J].现代视听,2020(4).

唐皇凤,吴昌杰.构建网络化治理模式:新时代我国基本公共服务供给机制的优化路径[J].河南社会科学,2018(9).

田进,柯淋丹.构建公共服务网络化机制的路径研究[J].湖北科技学院学报,2013(2).

童星.中国社会治理[M].北京:中国人民大学出版社,2018.

汪波,郭雨欣.当代中国数字治理:主题、动态与发展趋向[J].武汉科技大学学报(社会科学版),2019(4).

汪锦军.构建公共服务的协同机制:一个界定性框架[J].中国行政管理,2012(1).

王菲.媒介大融合:数字新媒体时代下的媒介融合论[M].广州:南方日报出版社,2007.

王炎龙,江澜.社会治理视阈下县级融媒体中心建设探究[J].南京政治学院学报,2018(6).

魏礼群.中国社会治理现代化:70年回顾与前瞻[M].北京:中国言实出版社,2019.

吴光芸.论构建政府、市场与公民社会三者互动的有效公共服务体系[J].江汉论坛,2005(9).

吴新叶,赵挺.大都市社会治理共同体的构建与深耕:来自上海的经验[M].上海:上海人民出版社,2020.

夏玉珍,杨永伟.公共服务供给机制创新:基于网络化治理框架的解释[J].学习与实践,2014(4).

谢新洲,黄杨.我国县级融媒体建设的现状与问题[J].中国记者,2018(10).

谢新洲,宋琢.游移于"公""私"之间:网络平台数据治理的研究[J].北京大学学报(哲学社会科学版),2022(1).

谢新洲.县级融媒体中心建设的四梁八柱:融合、创新、引导、服务[J].新闻战线,2019(2).

谢新洲,等.县级融媒体中心建设理论与实践[M].北京:电子工业出版社,2018.

熊忠辉.回到连接性:县级融媒体中心建设的逻辑基础[J].编辑之友,2021(12).

颜春龙,赖黎捷,等.县级融媒体中心建设[M].北京:科学出版社,2023.

姚丽丽,张昱辰.构筑社会治理与沟通的枢纽:县级融媒体建设的"上海经验"[J].新闻战线,2020(8).

易前良,唐芳云.平台化背景下我国网络在线内容治理的新模式[J].现代传播,2021(1).

郁建兴.中国的公共服务体系:发展历程、社会政策与体制机制[J].学术月刊,2011(3).

张诚,朱天,齐向楠.作为县域治理枢纽的县级融媒体中心建设刍议:基于对A市的实地研究[J].新闻界,2018(12).

张诚,朱天.县级融媒体中心嵌入社会治理路径与成效:创造公共价值与矛盾就地化解[J].中国出版,2020(11).

张宏邦.县级融媒体:国际化视野与本土化建设[M].厦门:厦门大学出版社,2021.

张静.社会治理:组织、观念与方法[M].北京:商务印书馆,2019.

张昱辰.从机构融合迈向社会融合:县级融媒体中心发展路径再思考[J].中国出版,2019(16).

张志安,姚尧.平台媒体的类型、演进逻辑和发展趋势[J].新闻与写作,2018(12).

赵瑜,范静涵.突发公共事件视域下的县级融媒体中心建设:基于浙江省新冠肺炎疫情的报道分析[J].中国出版,2020(10).

郑亮.县级融媒体中心和基层社会治理研究[M].广州:暨南大学出版社,2020.

朱春阳,曾培伦."单兵扩散"与"云端共联":县级融媒体中心建设的基本路径比较分析[J].新闻与写作,2018(12).

朱春阳.县级融媒体中心建设的任务、核心问题与未来方向[J].传播评论,2018(10).

邹军,荆高宏.社会治理视域中的县级融媒体中心:意义、路径及进路[J]传媒观察,2019(10).

后　　记

　　2018年8月国家启动县级融媒体中心建设的时候,我正在准备出版自己的第一本专著,那本书研究的是广电业和电信业从分营到融合的历史。在那本书的后记里我写道:"从整本书来看,历史研究占据了大部分篇幅,对当下实践的讨论比较有限。这是我有意为之的处理,因为当下实践是历史研究的另一个端点,却难以仅仅作为一个端点得到充分的展开。因此,我将这本书讨论的边界设定在了现在它所呈现的位置,对于当下及未来实践展开进一步的讨论是下一本书的研究任务。"

　　本书就是当年提及的"下一本书",确如7年前所写的那样,它讨论的是正在进行中的实践。在第一本专著写作的过程中,导师曾对我提出了一个批评意见,她指出我对于当下实践的研究(尽管在这本以历史研究为主的著作里,提及当下实践的部分较少)缺乏田野调查,整体性的视野、结构性的分析固然重要,但其前提是对实践复杂性、多样性的深入了解和准确把握,如果没有田野调查,后者就难以做到。

　　县级融媒体中心建设的启动给了我一个进入田野的机会。2019年8月,我带着研究生开始了对上海16家区级融媒体中心的田野调查。我们调研的第一家是长宁区融媒体中心,直到今天我依然对当时的场景记忆犹新。说来惭愧,做了十几年的传媒研究,这次调研才让我第一次真正了解基层媒体,也正是这次调研才让我深刻地认识到导师当年的批评有多重要。

　　一家一家地调研下来,每一家区级融媒体中心的情况都不完全一样,所见所闻无时无刻不与我既有的专业认知发生碰撞,也迫使我不断地清理学术与实践之间的关系。田野中的一切让我感到兴奋,也让我对过往的学术路径不满足。现在看来,最初的调研并没有明确的问题意识,即使从博士阶段就开始研究融媒体,但在进入田野的前夕我也不明晰该将县级融媒体中心放入怎样的坐标。因此,特别感激上海这16家区级融媒体中心对于我带领的这支"新兵"队伍的支持与包容,我们从不时地抛出外行问题到对各项数据如数家珍,在对他们无数的访谈和观察中得到的锻炼和成长。

同时,也正是这16家区级融媒体中心的差异性让我意识到仅仅调研上海是不够的,作为直辖市,它有太多的特殊性,我迫切地想要了解上海以外的实践是什么样子。因此,在主编出版了《上海区级融媒体中心建设发展调研报告(2019—2020年)》(上海社会科学院出版社2020年版)之后,四年里我将调研的范围扩展到了长三角地区,继而扩展到了全国东西南北中各个区域。在这个调研规模显著扩大的过程中,我得到了苏州大学陈一教授团队的鼎力支持,我们组成了联合课题组开启了全国调研。在我们调研上海的时候,陈一教授团队在江苏省内开展了深入调研,这是我们后来合作调研的基础。

不巧的是,在我们合作之初,新冠疫情肆虐全球,一方面严重影响了实地调研的进度,另一方面也提醒了我们观察县级融媒体的应急能力。感谢特殊时期我们的联合课题组团结一心、克服万难,也感谢在此期间高度支持和配合我们调研的各家县级融媒体中心,没有大家的通力合作,我们无法完成这个物理空间跨越如此之大的调研任务。2022年,由陈一教授和我主编的《全国县级融媒体中心发展调研报告2021—2022》顺利出版,这既是我们合作的初步成果,也是后续深入研究的基础。此后,我开启了第二轮上海调研,并拓展了7个省域县级融媒体中心的调研。

本书是我在上述所有调研基础上开展的进一步研究,如果说调研报告主要呈现的是各地县级融媒体中心建设的"面貌"与对策建议,那么本书呈现的则是我基于"面貌"提炼的问题意识及其学术性解析。县级融媒体平台参与社会治理一方面是社会治理数字化转型的表征之一,另一方面也不同于其他数字化治理形式。它是一种媒介化治理,本书试图呈现并讨论的是这种媒介化治理的基础、形式、机制与困境等。感谢上海市哲学社会科学规划中青班课题(项目号:2018FZX022)对本研究的资助,这本书是该项目的最终成果。感谢上海社会科学院出版社编辑辛苦而细致的工作,对于本书写作与出版过程中遇到的各类问题,编辑都耐心而专业地一一解答,对我帮助良多。

在过去的几年中,县级融媒体是新闻传播学科研究的热点之一,但是于我而言,它不是热点,而是长久以来两个研究兴趣的交汇点,一个是媒体融合,另一个是基层中国。我的学术生涯几乎与中国的媒体融合进程同步,青年时代的我观察它的初生,中年时代的我观察它的纵深。对基层中国的兴趣则直接源于导师的影响,过去我写过城,写过乡,也写过城乡关系,唯独没写过县。因此，对我喜欢的研究而言，县级融媒体有补上一块"拼图"的意义。

此书完稿交付出版社以后，我又踏上了田野调查之路。初冬的北方已寒意阵阵，我坐在那个县级融媒体中心的一楼，与访谈对象面对面，没有开灯，也没有暖气，一缕阳光穿过窗户，直射他身后的墙壁。在这个没有智慧大屏的环境里，他告诉我他们中心最受欢迎的内容产品是一档讲本地故事的广播节目，男女老少都踊跃地报名讲故事，讲的人多，听的人也多。我问他是可视化广播吗？他愣了一下，回答说"不是，就是传统广播"。调研回来以后，我参与了多场关于人工智能的讨论，我毫不犹豫地踏上加速前行的"列车"，但也总是回望那个广播讲故事的场景。我在这本书的第一章提到过"莫斯可之问"，即在社会治理中"选择什么技术、为了什么目的和为了谁的利益"。当初写到这里的时候，我已经有了问题的答案，但越往下写就越深感问题的复杂性远超想象。它不单是这本书需要面对的问题，而应该是一个永恒的命题，总是出现在"下一本书"的开头。

石力月
2025 年 3 月于上海

图书在版编目（CIP）数据

社会治理数字化转型中的县级融媒体平台发展研究 / 石力月著. -- 上海：上海社会科学院出版社，2025.
ISBN 978 - 7 - 5520 - 4707 - 3

Ⅰ. D63 - 39

中国国家版本馆 CIP 数据核字第 20258VR996 号

社会治理数字化转型中的县级融媒体平台发展研究

著　　者：石力月
责任编辑：应韶荃
封面设计：右序设计
出版发行：上海社会科学院出版社
　　　　　上海顺昌路 622 号　邮编 200025
　　　　　电话总机 021 - 63315947　销售热线 021 - 53063735
　　　　　https://cbs.sass.org.cn　E-mail：sassp@sassp.cn
照　　排：南京前锦排版服务有限公司
印　　刷：上海颛辉印刷厂有限公司
开　　本：710 毫米×1010 毫米　1/16
印　　张：10.5
字　　数：185 千
版　　次：2025 年 4 月第 1 版　2025 年 4 月第 1 次印刷

ISBN 978 - 7 - 5520 - 4707 - 3/D·751　　　　　定价：58.00 元

版权所有　翻印必究